GÜTERSLOHER
VERLAGSHAUS

Entdecken Sie mehr
auf www.gtvh.de

Dietrich Bonhoeffer

Worte für jeden Tag

Herausgegeben von Manfred Weber

Gütersloher Verlagshaus

Bibliografische Information der Deutschen Nationalbibliothek

Die Deutsche Nationalbibliothek verzeichnet diese Publikation in der Deutschen Nationalbibliografie; detaillierte bibliografische Daten sind im Internet über https://portal.dnb.de abrufbar.

FSC
www.fsc.org
MIX
Papier aus verantwortungsvollen Quellen
FSC® C005833

Verlagsgruppe Random House FSC® N001967
Das für dieses Buch verwendete FSC®-zertifizierte Papier *Munken Premium Cream* liefert Arctic Paper Munkedals AB, Schweden.

1. Auflage

Covermotiv: © Heike Westermann, Duisburg
Druck und Einband: Těšínská tiskárna, a.s., Český Těšín
Printed in Czech Republic
ISBN 978-3-579-07146-6

www.gtvh.de

Geleitwort

Am frühen Morgen des 9. April 1945 wurde Dietrich Bonhoeffer im Konzentrationslager Flossenbürg von den Nationalsozialisten ermordet. Dort endete mit 39 Jahren ein Leben, dessen Wirken bis in unsere Tage hineinreicht und weiterhin lebendig bleiben wird.

Das theologische Werk Dietrich Bonhoeffers, seine Andachten, Predigten und Meditationen, seine Briefe und Aufzeichnungen sind ein Vermächtnis. Die Ausgabe *Dietrich Bonhoeffer Werke* (17 Bände) wurde 1999 abgeschlossen. In den vergangenen Jahrzehnten erschienen bereits wichtige Teile in Einzelausgaben, von denen eine große Anzahl in viele Sprachen übersetzt wurde.

Die *Worte für jeden Tag* spiegeln in vielfältiger Weise das Denken von Dietrich Bonhoeffer wider und belegen sein Handeln. Es sind theologische, geistliche und meditative, aber auch politische Texte – wie Mosaiksteine aus einem Ganzen herausgelöst –, nicht als ›Sinnsprüche‹ ausgewählt, sondern ausgewählt als Anstöße zum Überdenken und Überprüfen eigener Überzeugungen und Lebensinhalte.

Die Texte erschließen sich nicht immer unmittelbar, oft werden sie auch Widerspruch auslösen, die Leserin und der Leser werden Zusammenhänge suchen; doch im Spannungsbogen des Jahres erklären die Texte sich gegenseitig und entfalten ihren Reichtum. Die Worte Dietrich Bonhoeffers sind Zeugnisse eines großen Theologen, tapferen Christen und bedeutenden Zeitgenossen unseres Jahrhunderts. Sie ermutigen uns, nicht ›das Beliebige, sondern das Rechte zu tun und zu wagen‹.

Manfred Weber

Mit dieser Textauswahl eröffnet sich ein Zugang zu dem Werk Dietrich Bonhoeffers. Im Quellenverzeichnis sind die Bücher aufgeführt, aus denen die Texte dieses Bandes entnommen wurden. Ratschläge zum Weiterlesen schließen sich an.

Bonhoeffers Orthographie und Interpunktion wurden in aller Regel beibehalten.

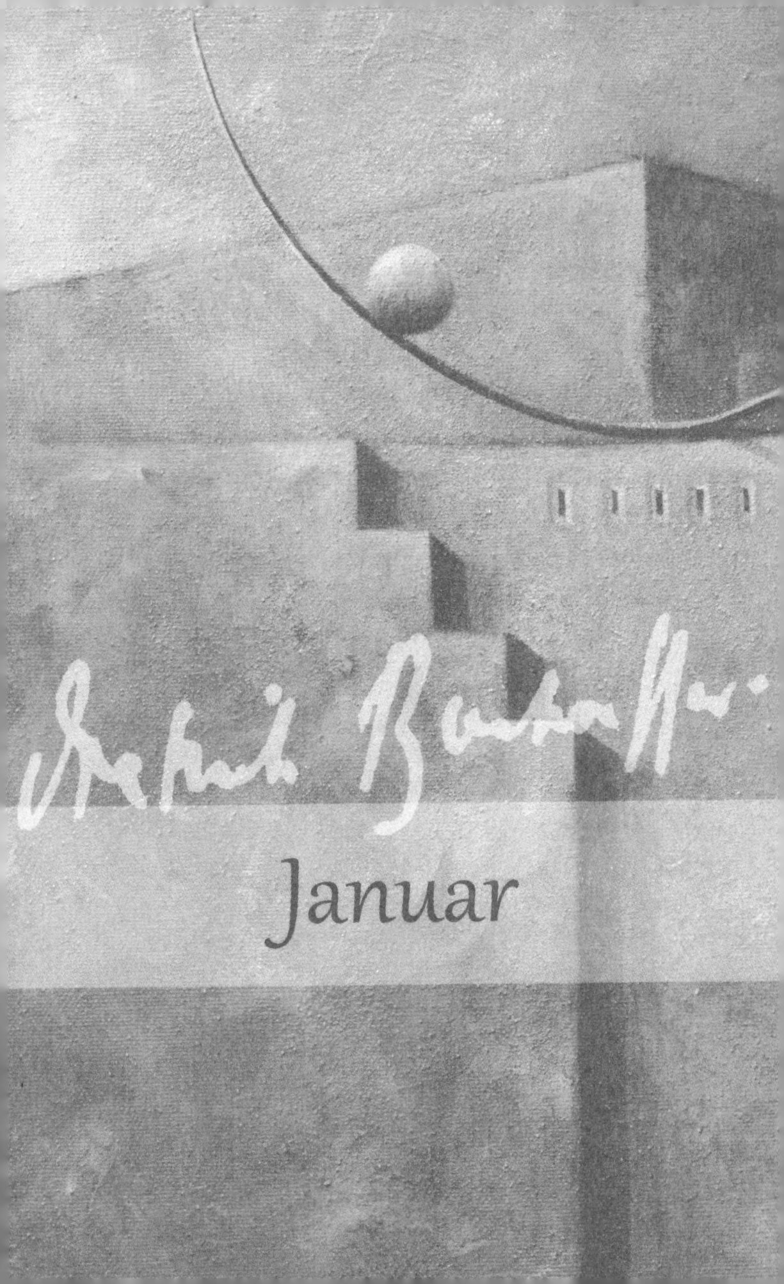
Januar

1 Der Tag ist die Grenze unsers Sorgens und Mühens. Er ist lang genug, um Gott zu finden oder zu verlieren, um Glauben zu halten oder in Sünde und Schande zu fallen. Darum schuf Gott Tag und Nacht, damit wir nicht im Grenzenlosen wanderten, sondern am Morgen schon das Ziel des Abends vor uns sähen.

2 Große Programme führen uns immer nur dort hin, wo wir selbst sind; wir aber sollten uns nur dort finden lassen, wo Er ist.

3 Es gibt in der ganzen Weltgeschichte immer nur eine wirklich bedeutsame Stunde – die Gegenwart. Wer aus der Gegenwart flieht, flieht den Stunden Gottes.

Januar

Gott gibt Zeiten der Sorge und Angst und Gott gibt 4
Zeiten der Freude.

In der Dankbarkeit gewinne ich das rechte Verhält- 5
nis zu meiner Vergangenheit. In ihr wird das Ver-
gangene fruchtbar für die Gegenwart.

Weil aber Jesus sich das Licht und alles andere die 6
Finsternis nannte, darum haßten die Menschen die-
ses Licht und liebten ihre strahlende Finsternis.

Der Mensch lebt notwendig in einer Begegnung mit 7
anderen Menschen, und ihm wird mit dieser Be-
gegnung in einer je verschiedenen Form eine Ver-
antwortung für den anderen Menschen auferlegt.

8 Das Vertrauen wird eines der größten, seltensten und beglückendsten Geschenke menschlichen Zusammenlebens bleiben, und es wird doch immer nur auf dem dunklen Hintergrund eines notwendigen Mißtrauens entstehen.

9 Es gibt menschliche Grundwahrheiten, zu denen das Leben früher oder später immer wieder zurückkehrt. Darum dürfen wir keine Eile haben, wir müssen warten können. ›Gott sucht wieder auf, was vergangen ist‹, heißt es in der Bibel.

10 Wir hindern Gott, uns die großen geistlichen Gaben, die er für uns bereit hat, zu schenken, weil wir für die täglichen Gaben nicht danken.

Jeder neue Morgen ist ein neuer Anfang unsers Lebens. Jeder Tag ist ein abgeschlossenes Ganzes. 11

Ich glaube, daß auch unsere Fehler und Irrtümer nicht vergeblich sind und daß es Gott nicht schwerer ist, mit ihnen fertig zu werden, als mit unseren vermeintlichen Guttaten. 12

Es gibt zwei Möglichkeiten, einem Menschen, der von einer Last gedrückt wird, zu helfen. Entweder man nimmt ihm die ganze Last ab, so daß er künftig nichts mehr zu tragen hat. Oder man hilft ihm tragen, in dem man ihm dies Tragen leichter macht. Jesus will nicht den ersten Weg mit uns gehen. 13

Dankbarkeit ist demütig genug, sich etwas schenken zu lassen. Der Stolze nimmt nur, was ihm zukommt. Er weigert sich, ein Geschenk zu empfangen. 14

15 Es ist sehr viel leichter, eine Sache prinzipiell als in konkreter Verantwortung durchzuhalten.

16 Gott sucht sich nicht den vollkommensten Menschen, um sich mit ihm zu verbinden, sondern er nimmt menschliches Wesen an, wie es ist.

17 Weisheit ist etwas anderes als Wissen und Verstand und Lebenserfahrung. Weisheit ist das Geschenk, den Willen Gottes in den konkreten Aufgaben des Lebens zu erkennen.

18 Dankbarkeit sucht über der Gabe den Geber.

Undankbarkeit beginnt mit dem Vergessen. Aus Vergessen folgt Gleichgültigkeit, aus der Gleichgültigkeit Unzufriedenheit, aus der Unzufriedenheit Verzweiflung, aus der Verzweiflung der Fluch. 19

Das rechte Wort kommt aus dem Schweigen, und das rechte Schweigen kommt aus dem Wort. 20

Stille vor Gott bedarf der Arbeit und der Übung. Sie bedarf des täglichen Mutes, sich Gottes Wort auszusetzen und von ihm richten zu lassen, bedarf der täglichen Frische, sich an Gottes Liebe zu freuen. 21

Alles, was wir mit Recht von Gott erwarten, erbitten dürfen, ist in Jesus Christus zu finden. 22

23 Ich glaube, daß Gott uns in jeder Notlage soviel Widerstandskraft geben will, wie wir brauchen. Aber er gibt sie nicht im voraus, damit wir uns nicht auf uns selbst, sondern auf ihn verlassen.

24 Denken und Handeln im Blick auf die kommende Generation, dabei ohne Furcht und Sorge jeden Tag bereit sein zu gehen – das ist die Haltung, die uns praktisch aufgezwungen ist und die tapfer durchzuhalten nicht leicht, aber notwendig ist.

25 Ich bin kleinmütig, aber bei dir ist die Hilfe ich bin unruhig, aber bei dir ist Frieden.

26 Wunschlosigkeit ist Armut.

Weil Gottes Wort in der Geschichte und das heißt in der Vergangenheit zu uns gesprochen hat, darum ist die Erinnerung, die Wiederholung des Gelernten täglich nötige Übung. 27

Geheimnislos leben heißt, die entscheidenden Vorgänge des Lebens garnicht sehen oder sogar ableugnen. 28

Zum Gebot Gottes gibt es ein doppeltes Verhalten: den unbedingten, blinden Gehorsam der Tat oder die scheinheilige Frage der Schlange: sollte Gott gesagt haben? Diese Frage ist der Todfeind des Gehorsams, ist darum der Todfeind jeden echten Friedens. 29

Wohltun geschieht in all den Dingen des täglichen Lebens. 30

31 Wir dürfen wissen, daß Gott weiß, was wir bedürfen, ehe wir darum bitten. Das gibt unserem Gebet größte Zuversicht und fröhliche Gewißheit.

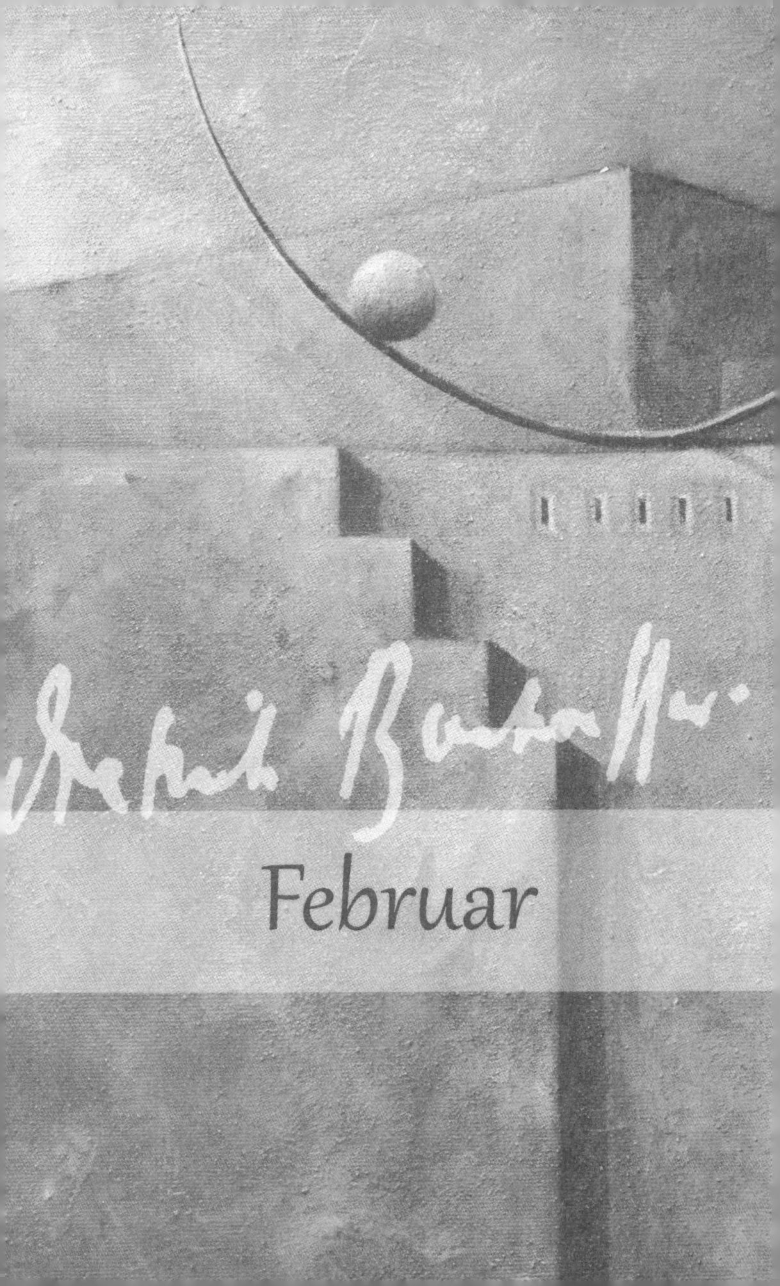

Februar

1 Es ist eine seltsame Tatsache, daß gerade Christen und Theologen ihre Arbeit oft für so wichtig und dringlich halten, daß sie sich darin durch nichts unterbrechen lassen wollen. Sie meinen damit einen Dienst zu tun, und verachten dabei den ›krummen und doch geraden Weg‹ Gottes.

2 Da es nach Gottes Willen menschliches Leben auf Erden nur als leibliches Leben gibt, hat der Leib um des ganzen Menschen willen das Recht auf Erhaltung.

3 Alles Sehen und Erkennen der Dinge und Gesetze ohne Gott wird zur Abstraktion, zur Loslösung vom Ursprung und vom Ziel.

4 Der Wille Gottes kann sehr tief verborgen liegen unter vielen sich anbietenden Möglichkeiten.

Februar

Der Segen Gottes ist die Inanspruchnahme des irdischen Lebens für Gott und er enthält alle Verheißungen. 5

Dankbarkeit macht das Leben erst reich. 6

Freie Verantwortung beruht auf einem Gott, der das freie Glaubenswagnis verantwortlicher Tat fordert und der dem, der darüber zum Sünder wird, Vergebung und Trost zuspricht. 7

Es gehört zu den erstaunlichsten, aber zugleich unwiderleglichsten Erfahrungen, daß das Böse sich – oft in einer überraschend kurzen Frist – als dumm und unzweckmäßig erweist. 8

Gott ist kein zeitloses Fatum, er wartet und antwortet auf aufrichtige Gebete und verantwortliche Taten. 9

10 Wir schweigen am frühen Morgen des Tages, weil Gott das erste Wort haben soll und wir schweigen vor dem Schlafengehen, weil Gott auch das letzte Wort gehört.

11 Wirkliche Wahrheit unterscheidet sich von jeder phrasenhaften Wahrhaftigkeit dadurch, daß sie etwas ganz Bestimmtes will, daß etwas geschieht – nämlich daß sie den Menschen löst, frei macht.

12 Jesu Liebe, das ist die Liebe, die keinen Schmerz, keinen Verzicht, kein Leiden scheut, wenn es dem anderen hilft.

13 Die Stunde unseres Scheiterns ist die Stunde der unerhörten Nähe Gottes und gerade nicht der Ferne.

Das christliche Verhältnis zwischen dem Starken und dem Schwachen ist, daß der Starke zu dem Schwachen aufsehen und niemals herunterschauen soll. 14

Vergebung ist ohne Anfang und Ende. 15

Unrecht leiden schadet keinem Christen. Aber Unrecht tun schadet. 16

Wie überwinden wir das Böse? Indem wir es vergeben ohne Ende. Wie geschieht das? Indem wir den Feind sehen als den, der er in Wahrheit ist, als den, für den Christus starb, den Christus liebt. 17

Der letzte Ruhm ist nicht, daß die Welt gerichtet und verurteilt wird, sondern daß Christus durch sein Kreuz, das auch das Kreuz der Gemeinde ist, die Welt begnadigt und Frieden macht. 18

19 Ohne Christus ist Unfriede zwischen Gott und den Menschen und zwischen Mensch und Mensch. Christus ist der Mittler geworden und hat Frieden gemacht mit Gott und unter den Menschen.

20 Nicht der fernste Mensch ist uns das größte Geheimnis, sondern gerade der Nächste.

21 Hätte Jesus nicht gelebt, dann wäre unser Leben trotz aller anderen Menschen, die wir kennen, verehren und lieben sinnlos.

22 Der Mensch wird aufgerufen, das Leiden Gottes an der gottlosen Welt mitzuleiden. Er muß also wirklich in der gottlosen Welt leben und darf nicht den Versuch machen, ihre Gottlosigkeit irgendwie religiös zu verdecken, zu verklären; er muß ›weltlich‹ leben und nimmt eben darin an den Leiden Gottes teil.

Christen rufen nicht erst die Erfahrungen am eigenen Leibe, sondern die Erfahrungen am Leibe der Brüder, um derentwillen Christus gelitten hat, zur Tat und zum Mitleiden. 23

Es gibt viele Christen, die das Kreuz Christi zu lieben glauben, aber das Kreuz in ihrem eigenen Leben hassen sie. So hassen sie in Wahrheit auch das Kreuz Jesu Christi. 24

Der Christ weiß, daß ihn in der Stunde der Versuchung jedes Mal alle seine Kräfte verlassen werden. Darum ist für ihn die Versuchung die dunkle Stunde, die unwiderruflich werden kann. Darum sucht er nicht nach der Bewährung seiner Kraft, sondern betet: Führe uns nicht in Versuchung. 25

Das ist das wunderbare und viele Menschen so abschreckende Thema der Bibel, daß das einzig sichtbare Zeichen Gottes in der Welt das Kreuz ist. 26

27 Gott geht zu allen Menschen in ihrer Not, sättigt den Leib und die Seele mit Seinem Brot, stirbt für Christen und Heiden den Kreuzestod, und vergibt ihnen beiden.

28 Es ist schwer, von der Freiheit so zu reden, wie die Bibel es tut. Die Wahrheit wird euch frei machen, das ist zu allen Zeiten höchst unzeitgemäß.

29 Verantwortung ist die in der Bindung an Gott und den Nächsten allein gegebene Freiheit des Menschen.

März

1 Weil es der Weg Gottes durch die Welt ist, darum wählt Jesus von Anfang an den Weg zum Kreuz.

2 Wer Gott im Kreuze Jesu Christi gefunden hat, weiß, wie wunderlich sich Gott in dieser Welt verbirgt und wie er gerade dort am nächsten ist, wo wir ihn am fernsten glauben.

3 Jesus hat Frieden geschaffen mit all unseren Feinden am Kreuz. Diesen Frieden laßt uns bezeugen vor jedermann.

4 Ob wir den Frieden Gottes wirklich gefunden haben, wird sich daran erproben, wie wir zu den Trübsalen, die über uns kommen, stehen.

Gott ist ein Gott des Tragens. Der Sohn Gottes trug unser Fleisch, er trug darum das Kreuz, er trug alle unsere Sünden und schuf durch sein Tragen Versöhnung. 5

Eine allein auf der Menschwerdung aufgebaute christliche Ethik würde leicht zu einer Kompromißlösung führen, eine allein auf Kreuz oder Auferstehung Jesu Christi aufgebaute Ethik würde dem Radikalismus und der Schwärmerei verfallen. Nur in der Einheit löst sich der Widerstreit. 6

Es ist der Vorzug und das Wesen der Starken, daß sie die großen Entscheidungsfragen stellen und zu ihnen klar Stellung nehmen können. Die Schwachen müssen sich immer zwischen Alternativen entscheiden, die nicht die ihren sind. 7

8 Wir müssen uns immer wieder sehr lange und sehr ruhig in das Leben, Sprechen, Handeln, Leiden und Sterben Jesu versenken, um zu erkennen, was Gott verheißt und was er erfüllt.

9 Der Christ hat nicht wie die Gläubigen der Erlösungsmythen aus den irdischen Aufgaben und Schwierigkeiten immer noch eine letzte Ausflucht ins Ewige, sondern er muß das irdische Leben wie Christus ganz auskosten und nur indem er das tut, ist der Gekreuzigte und Auferstandene bei ihm.

10 Nicht der religiöse Akt macht den Christen, sondern das Teilnehmen am Leiden Gottes im weltlichen Leben.

Weil es Jesus nicht um die Aufstellung und Verwirklichung neuer ethischer Ideale, also nicht um irgendein eigenes Gutsein, sondern ganz allein um Gottes Liebe zu den Menschen geht, darum kann er in die Schuld der Menschen eintreten, sich mit ihrer Schuld belasten lassen. 11

Gott will nicht, daß der Mensch an Gott stirbt. Er soll Ihn schauen und leben. Dazu ist er gestorben und auferstanden. 12

Ein Christ sagt nicht, er stehe allezeit in Versuchung und allezeit in der Bewahrung, sondern er betet in den Zeiten der Bewahrung, Gott wolle die Zeit der Versuchung nicht über ihn kommen lassen. 13

14 Es ist nichts Selbstverständliches für den Christen, daß er unter Christen leben darf. Jesus Christus lebte mitten unter seinen Feinden. Zuletzt verließen ihn alle Jünger. Am Kreuz war er ganz allein, umgeben von Übeltätern und Spöttern.

15 Aus der Erinnerung und Wiederholung lebt Glaube und Gehorsam. Erinnerung wird zur Kraft der Gegenwart, weil es der lebendige Gott ist, der einst für mich gehandelt hat und mich heute dessen vergewissert.

16 Christ ist der Mensch, der sein Heil, seine Rettung, seine Gerechtigkeit nicht mehr bei sich selbst sucht, sondern bei Jesus Christus alleine.

17 Es kann keiner zu Gottes Wegen Ja sagen, der zu seinen Verheißungen und Geboten Nein sagt.

Kirche in dieser Welt bleibt Kirche unter dem Kreuz. Wehe der Kirche, die Kirche der sichtbaren Herrlichkeit schon hier werden will. Sie hat ihren Herrn am Kreuz verleugnet. 18

Das einzig fruchtbare Verhältnis zu den Menschen – gerade zu den Schwachen – ist Liebe, das heißt der Wille, mit ihnen Gemeinschaft zu halten. Gott selbst hat die Menschen nicht verachtet, sondern ist Mensch geworden um der Menschen willen. 19

Das Kreuz ist das Zeichen, in dem alle falsche Sicherheit in unserem Leben gerichtet und der Glaube an Gott allein aufgerichtet ist. 20

Schwachheit ist in den Augen Christi nicht das Unvollkommene gegenüber dem Vollkommenen, sondern eher ist Stärke das Unvollkommene und Schwachheit das Vollkommene. 21

22 In Niedrigkeit und Gottverlassenheit erkennt der Glaube die Kraft der Nähe Gottes; in Heiligung und Leiden die Kraft seiner Vergebung.

23 Das Kreuz Christi zu erkennen als die unüberwindliche Liebe Gottes zu allen Menschen, zu uns ebenso wie zu unseren Feinden, das ist die beste Klugheit.

24 In Jesus Christus glauben wir den menschgewordenen, gekreuzigten und auferstandenen Gott. In der Menschwerdung erkennen wir die Liebe Gottes zu seiner Kreatur, in der Kreuzigung das Gericht Gottes über alles Fleisch, in der Auferstehung den Willen Gottes zu einer neuen Welt.

25 Weil Gott die ganze Welt geliebt hat, darum stirbt Jesus.

Die Kreuzigung Jesu Christi ist der zwingendste Beweis dafür, daß Gottes Liebe allen Zeiten gleich nah und gleich fern ist. 26

Jesus Christus, der Auferstandene, das bedeutet, daß Gott aus Liebe und Allmacht dem Tod ein Ende macht und eine neue Schöpfung ins Leben ruft, neues Leben schenkt. 27

Das Wunder der Auferstehung Christi hebt die Vergötzung des Todes, wie sie unter uns herrscht, aus den Angeln. 28

Nicht von der ›Kunst des Sterbens‹, sondern von der Auferstehung Christi her kann ein neuer, reinigender Wind in die gegenwärtige Welt wehen. 29

30 Gott läßt sich aus der Welt heraus drängen ans Kreuz, Gott ist ohnmächtig und schwach in der Welt und gerade und nur so ist er bei uns und hilft uns.

31 Die christliche Auferstehungshoffnung unterscheidet sich von der mythologischen darin, daß sie den Menschen in ganz neuer Weise an sein Leben auf der Erde verweist.

April

1 Wenn die Erde gewürdigt wurde den Menschen Jesus Christus zu tragen, wenn ein Mensch wie Jesus gelebt hat, dann und nur dann hat es für uns Menschen einen Sinn zu leben.

2 Gott will die Überwindung des Todes durch den Tod Jesu Christi. Allein in Kreuz und Auferstehung Jesu Christi ist der Tod in Gottes Gewalt gekommen, muß er den Zielen Gottes dienen.

3 Es ist das Befreiende von Karfreitag und Ostern, daß die Gedanken weit über das persönliche Geschick hinaus gerissen werden zum letzten Sinn alles Lebens, Leidens und Geschehens überhaupt und daß man eine große Hoffnung faßt.

April

Jesus Christus ist die Weite unseres Lebens. Jesus Christus ist die Mitte unserer Gemeinschaft. Jesus Christus ist bei uns bis an der Welt Ende. Das danken wir Ostern. 4

Der Karfreitag ist nicht das Dunkel, das dem Licht unbedingt weichen muß. Es ist der Tag, an dem der Mensch gewordene Gott, die Person gewordene Liebe umgebracht wird von den Menschen, die zu Göttern werden wollen. 5

Wer die Auferstehung Jesu Christi gläubig bejaht, der kann nicht mehr weltflüchtig werden, er kann aber auch nicht mehr der Welt verfallen, denn er hat mitten in der alten Schöpfung die neue Schöpfung Gottes erkannt. 6

7 Der Mensch soll sich nicht fürchten, *wir sollen uns nicht fürchten!* Das ist der Unterschied des Menschen von aller Kreatur, daß er in aller Ausweglosigkeit, Unklarheit und Schuld um eine Hoffnung weiß und diese Hoffnung heißt: *Dein* Wille geschehe, ja, *dein* Wille geschieht.

8 Christus ist nicht in die Welt gekommen, daß wir ihn begriffen, sondern daß wir uns an ihn klammern, daß wir uns einfach von ihm hinreißen lassen in das ungeheure Geschehen der Auferstehung.

9 Nicht um einen Kampf von Dunkel und Licht, handelt es sich Ostern, sondern um den Kampf der schuldigen Menschheit gegen die göttliche Liebe; einen Kampf, in dem Gott zu unterliegen scheint am Karfreitag und in dem er gerade, indem er unterliegt, siegt – an Ostern.

Ehren ist etwas anderes als Lieben. Es ist unbedingter und umfassender. Gott zu suchen und zu ehren bleibt das Erste. 10

Nicht die Angst vor dem Tag, nicht die Last der Werke, die ich zu tun vorhabe, sondern der Herr ›weckt mich alle Morgen‹. 11

Nicht von Unsterblichkeit ist Ostern die Rede, sondern von Auferstehung, Auferstehung vom Tode. 12

Wir müssen lernen, die Menschen weniger auf das, was sie tun und unterlassen, als auf das, was sie erleiden, anzusehen. 13

Es ist unendlich viel leichter, im Gehorsam gegen einen menschlichen Befehl zu leiden als in der Freiheit eigenster verantwortlicher Tat. 14

15 Ein Ja Gottes zur schuldigen Menschheit, ein neuer Sinn für all unser Tun – das ist Ostern.

16 Weil ja das Wissen um Jesus Christus etwas Lebendiges ist und nicht etwas ein für allemal Gegebenes, darum entsteht mit jedem neuen Tag die Frage, wie ich heute und hier und in dieser Situation in diesem neuen Leben mit Gott, mit Jesus Christus bleibe und bewahrt werde.

17 Gottes Ja und Gottes Nein zur Geschichte, wie es in der Menschwerdung und Kreuzigung Jesu Christi vernommen wird, bringt in jeden geschichtlichen Augenblick eine unendliche nicht aufzuhebende Spannung. Die Geschichte wird nicht zum vergänglichen Träger ewiger Werte, sondern sie wird durch Leben und Sterben Jesu Christi erst recht zeitlich.

Gott will das Leben und er gibt dem Leben eine Gestalt, in der es leben kann, weil es sich selbst überlassen sich nur vernichten kann. Diese Gestalt stellt das Leben aber zugleich in den Dienst anderen Lebens und der Welt. 18

Wieweit ein menschliches Handeln dem göttlichen Ziel der Geschichte dient und also das Gute in der Geschichte realisiert, darüber gibt es für den Menschen keine letzte Gewißheit. Es bleibt dem verborgenen Rat Gottes vorbehalten. 19

Weil Jesus, – das Leben, unser Leben, – als der menschgewordene Sohn Gottes stellvertretend für uns gelebt hat, darum ist alles menschliche Leben durch ihn wesentlich stellvertretendes Leben. 20

21 Gott liebt den Menschen. Gott liebt die Welt. Nicht einen idealen Menschen, sondern den Menschen wie er ist, nicht eine Idealwelt, sondern die wirkliche Welt.

22 Gott wird unsere Wege und Pläne immer wieder ja täglich durchkreuzen, indem er uns Menschen mit ihren Ansprüchen und Bitten über den Weg schickt.

23 Das ist Gottes neues Gebot, daß wir auf ihn sehen sollen, wie er im Tode das Leben, im Kreuz die Auferstehung schafft.

24 Zur Freiheit des Andern gehört all das, was wir unter Wesen, Eigenart, Veranlagung verstehen, gehören auch die Schwächen und Wunderlichkeiten, die unsere Geduld so hart beanspruchen, gehört alles, was die Fülle der Reibungen, Gegensätze und Zusammenstöße zwischen mir und dem Andern hervorbringt.

Die geistliche Vertrauensfrage, die mit der Autoritätsfrage in so engem Zusammenhang steht, entscheidet sich an der Treue, mit der einer im Dienste Jesu Christi steht, niemals aber an den außerordentlichen Gaben, über die er verfügt. 25

Der Begriff einer Situation in der geglaubt werden kann ist nur die Umschreibung des Sachverhalts, in dem die folgenden zwei Sätze gelten, die in gleicher Weise wahr sind: Nur der Glaubende ist gehorsam und nur der Gehorsame glaubt. Es ist eine schwere Einbuße an biblischer Treue, wenn wir den ersten Satz ohne den zweiten lassen. 26

Wer Gottes Gebot in Frage zieht, bevor er gehorcht, der hat ihn schon verleugnet. 27

28 ›Gott‹ ist für uns nicht ein allgemeiner Begriff, mit dem wir das denkbar Höchste, Heiligste, Mächtigste bezeichnen, sondern ›Gott‹ ist ein Name, das größte Heiligtum, das wir besitzen.

29 Vergessen bedeutet soviel wie aus dem Glauben fallen. In der täglichen Erinnerung an Jesus Christus aber wird mir zugesagt, daß Gott mich von Ewigkeit her geliebt und mich nicht vergessen hat.

30 Verantwortung und Freiheit sind einander korrespondierende Begriffe. Verantwortung setzt sachlich – nicht zeitlich – Freiheit voraus, wie Freiheit nur in der Verantwortung bestehen kann.

Mai

1 Die Erde, die mich ernährt, hat ein Recht auf meine Arbeit und meine Kraft.

2 Die Liebe Gottes befreit den von der Selbstliebe getrübten und irregeführten Blick des Menschen zu der klaren Erkenntnis der Wirklichkeit des Nächsten und der Welt und macht ihn so und nur so bereit zur Wahrnehmung echter Verantwortung.

3 Stolz vor Gott ist die Wurzel alles Ungehorsams, aller Gewalttat, aller Leichtfertigkeit.

4 Fragen wir, wie wir ein Leben mit Gott anfangen könnten, so antwortet die Bibel, daß Gott schon längst das Leben mit uns angefangen hat.

Mai

Nur aus dem Unmöglichen kann die Welt erneuert werden; dieses Unmögliche ist der Segen Gottes. 5

Nicht der Gedanke, sondern die Verantwortungsbereitschaft ist der Ursprung der Tat. 6

Tatenloses Abwarten und stumpfes Zuschauen sind keine christlichen Haltungen. 7

Es gibt keinen Weg zum Frieden auf dem Weg der Sicherheit. Denn Friede muß gewagt werden, ist das eine große Wagnis, und läßt sich nie und nimmer sichern. Friede ist das Gegenteil von Sicherung. 8

9 Weil sich verantwortliches Handeln nicht aus einer Ideologie, sondern aus der Wirklichkeit nährt, darum kann nur im Rahmen dieser Wirklichkeit gehandelt werden.

10 Geheimnislos leben heißt, von dem Geheimnis in unserem eigenen Leben, von dem Geheimnis des anderen Menschen nichts wissen, heißt an der Oberfläche bleiben, heißt die Welt nur soweit ernst nehmen, als sie verrechnet und ausgenutzt werden kann.

11 Wer sich durch nichts, was geschieht, die Mitverantwortung für den Gang der Geschichte abnehmen läßt, weil er sie sich von Gott auferlegt weiß, der wird jenseits von unfruchtbarer Kritik und von ebenso unfruchtbarem Opportunismus ein fruchtbares Verhältnis zu den geschichtlichen Ereignissen finden.

Der Friede Gottes ist die Treue Gottes unserer Untreue zum Trotz. 12

Letzter Ernst ist nie ohne eine Dosis Humor. 13

Es ist jämmerlich, sich zufrieden zu geben mit den Worten: in bin nicht religiös veranlagt – wenn es doch einen Gott gibt, der uns haben will. Es ist eine Ausrede. 14

Ich kann nicht glauben, daß es bei Gott auf den Tag ankommt. So darf man im Vertrauen auf Gottes freundliche Fügung getrost etwas warten, um später mit stärkerem Glauben tun zu können, was man im Augenblick nur als ein lastendes Gesetz empfinden würde. 15

16 In mir ist Bitterkeit, aber bei dir ist Geduld ich verstehe deine Wege nicht, aber du weißt den rechten Weg für mich.

17 Gott *hat* uns und seine Gebote zu wissen gegeben, und wir haben keine Ausflucht, als wüßten wir Gottes Willen nicht. Gott läßt uns nicht in unlösbaren Konflikten leben. Er macht unser Leben nicht zu ethischen Tragödien, sondern er gibt uns seinen Willen zu wissen.

18 Weil Gott den einzigen Grund unserer Gemeinschaft schon gelegt hat, weil Gott uns längst, bevor wir in das gemeinsame Leben mit anderen Christen eintraten, mit diesen zu einem Leibe zusammengeschlossen hat in Jesus Christus, darum treten wir nicht als die Fordernden, sondern als die Dankenden und Empfangenden in das gemeinsame Leben mit anderen Christen ein.

Heiliger Geist, gib mir die Hoffnung, die mich befreit von Furcht und Verzagtheit. 19

Wird ein Christ gefragt: wo ist dein Heil, deine Seligkeit, deine Gerechtigkeit? so kann er niemals auf sich selbst zeigen, sondern er weist auf das Wort Gottes in Jesus Christus, das ihm Heil, Seligkeit, Gerechtigkeit zuspricht. 20

Christliche Gemeinschaft ist eine der größten Gaben, die Gott uns gibt. 21

Kein Mensch baut die Kirche, sondern Christus allein. Wer die Kirche bauen will, ist gewiß schon am Werk der Zerstörung. 22

23 Der Herr der Zeiten ist Gott. Der Wendepunkt der Zeiten ist Christus. Der rechte Zeitgeist ist der Heilige Geist.

24 Daran entscheidet sich heute Gewaltiges, ob wir Christen Kraft genug haben, der Welt zu bezeugen, daß wir keine Träumer und Wolkenwandler sind.

25 Heiliger Geist, gib mir die Liebe zu Gott und den Menschen, die allen Haß und alle Bitterkeit vertilgt.

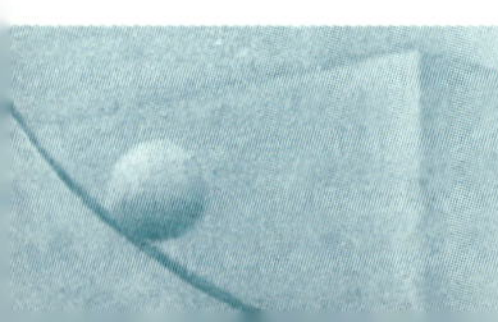

Daß die babylonische Sprachenverwirrung, durch die die Menschen einander nicht mehr verstehen können, weil jeder seine eigene Sprache spricht, ein Ende haben und überwunden sein soll durch die Sprache Gottes, die jeder Mensch versteht und durch die allein die Menschen sich auch untereinander wieder verstehen können, und daß die Kirche der Ort sein soll, an dem das geschieht, das sind doch alles sehr große und wichtige Gedanken. 26

Nicht in Organisationen, nicht in Dogmen, nicht in Liturgien, nicht in frommen Herzen wird die Einheit der Kirche bestehen, sondern im Wort Gottes, in der Stimme Jesu Christi. 27

Es geht in der christlichen Gemeinschaft mit dem Danken, wie sonst im christlichen Leben. Nur wer für das Geringe dankt, empfängt auch das Große. 28

29 Die Kirche muß aus ihrer Stagnation heraus. Wir müssen auch wieder in die freie Luft der geistigen Auseinandersetzung mit der Welt.

30 Heiliger Geist, gib mir den Glauben, der mich vor Verzweiflung und Laster rettet.

31 Christentum bedeutet Entscheidung.

Juni

1 Wer seinen Traum von einer christlichen Gemeinschaft mehr liebt als die christliche Gemeinschaft selbst, der wird zum Zerstörer jeder christlichen Gemeinschaft, und ob er es persönlich noch so ehrlich, noch so ernsthaft und hingebend meinte.

2 Das Christentum stellt uns in viele verschiedene Dimensionen des Lebens zur gleicher Zeit; wir beherbergen gewissermaßen Gott und die ganze Welt in uns.

3 Nicht von der Welt zu Gott, sondern von Gott zur Welt geht der Weg Jesu Christi und daher der Weg alles christlichen Denkens.

4 Alle Lehre des Heiligen Geistes bleibt gebunden an das Wort Jesu. Das Neue steht fest auf dem Alten. So tritt zur Lehre das Erinnern.

Juni

Es ist niemals die Aufgabe der Kirche dem Staat den natürlichen Selbsterhaltungstrieb zu predigen, sondern allein den Gehorsam gegen das Recht Gottes. 5

Die Kirche hat nicht zweierlei Gebot zu ihrer Verfügung, eines für die Welt ein anderes für die christliche Gemeinde, sondern ihr Gebot ist das in Jesus Christus offenbarte *eine* Gebot Gottes, das sie aller Welt verkündigt. 6

Der Einzelne handelt nicht für sich allein, sondern er vereinigt in seinem Ich das Ich mehrerer Menschen, gegebenenfalls sogar einer sehr großen Zahl. 7

Die Kirche des Erfolges ist wahrhaftig noch lange nicht die Kirche des Glaubens. 8

9 Der Christ braucht den Christen, der ihm Gottes Wort sagt, er braucht ihn immer wieder, wenn er ungewiß und verzagt wird; denn aus sich selbst kann er sich nicht helfen, ohne sich um die Wahrheit zu betrügen.

10 Die Kirche ist nur Kirche, wenn sie für andere da ist.

11 Der Heilige Geist ist nicht toter Buchstabe, sondern der lebendige Gott.

12 Es ist für jedes christliche Zusammenleben eine Daseinsfrage, daß es gelingt, rechtzeitig das Unterscheidungsvermögen zu Tage zu fördern zwischen menschlichem Ideal und Gottes Wirklichkeit und zwischen geistlicher und seelischer Gemeinschaft.

Ein Christentum ohne den lebendigen Jesus Christus bleibt notwendig ein Christentum ohne Nachfolge, und ein Christentum ohne Nachfolge ist immer ein Christentum ohne Jesus Christus; es ist Idee, Mythos. 13

Nicht eine ›christliche Kultur‹ muß den Namen Jesu Christi vor der Welt noch akzeptabel machen, sondern der gekreuzigte Christus ist Zuflucht, Rechtfertigung, Schutz und Anspruch geworden für die ins Leiden gekommenen Güter des Rechtes, der Wahrheit, der Freiheit und ihre Verfechter. 14

Ich glaube, daß Gott aus allem, auch aus dem Bösesten, Gutes entstehen lassen kann und will. 15

16 Der Wunsch, alles durch sich selbst sein zu wollen, ist ein falscher Stolz. Auch was man anderen verdankt, gehört eben zu einem und ist ein Stück des eigenen Lebens.

17 Ist nicht die Gerechtigkeit und das Reich Gottes auf Erden der Mittelpunkt von allem? Nicht um das Jenseits, sondern um diese Welt, wie sie geschaffen, erhalten, in Gesetze gefaßt, versöhnt und erneuert wird, geht es doch.

18 Wer nicht eine Vergangenheit zu verantworten und eine Zukunft zu gestalten gesonnen ist, der ist vergeßlich.

Der Kluge erkennt in der Fülle des Konkreten und der in ihm enthaltenen Möglichkeiten zugleich die unübersteiglichen Grenzen, die allem Handeln durch die bleibenden Gesetze menschlichen Zusammenlebens gegeben sind, und in dieser Erkenntnis handelt der Kluge gut beziehungsweise der Gute klug. 19

Gott, zu dir rufe ich am frühen Morgen: hilf mir beten und meine Gedanken sammeln; ich kann es nicht allein. 20

Ebensowenig wie es eine Begrenzung der Liebe Gottes zur Welt gibt, gibt es eine Begrenzung der aus Gottes Liebe entspringenden menschlichen Liebe auf bestimmte Lebensbereiche und Lebensbeziehungen. 21

22 Bei genauerem Zusehen zeigt sich, daß jede starke äußere Machtentfaltung, sei sie politischer oder religiöser Art, einen großen Teil der Menschen mit Dummheit schlägt.

23 Es ist zwar nicht wahr, daß der Erfolg auch die böse Tat und die verwerflichen Mittel rechtfertigt, aber ebenso wenig ist es möglich den Erfolg als etwas ethisch völlig Neutrales zu betrachten.

24 Dankbarkeit entspringt nicht aus dem eigenen Vermögen des menschlichen Herzens, sondern aus dem Wort Gottes. Dankbarkeit muß darum gelernt und geübt werden.

Juni

Unser Gebet kann niemals eine Beschwörung Gottes sein, wir brauchen uns vor ihm nicht mehr darzustellen. 25

Die Idee fordert Fanatiker, die keinen Widerstand kennen und achten. Die Idee ist stark. Das Wort Gottes aber ist so schwach, daß es sich von Menschen verachten und verwerfen läßt. So sind auch die Zeugen des Wortes mit diesem Wort schwächer als die Propagandisten einer Idee. 26

Das schnell entfahrene Wort, das wir so leicht nehmen, offenbart, daß wir den Anderen nicht ehren, uns über ihn erheben und also unser Leben höher einschätzen als das seine. 27

Die Last des Andern tragen heißt, die geschöpfliche Wirklichkeit des Andern ertragen, sie bejahen und in ihrem Erleiden zur Freude an ihr durchdringen. 28

29 Viele Menschen suchen ein Ohr, das ihnen zuhört, und sie finden es unter den Christen nicht, weil diese auch dort reden, wo sie hören sollten.

30 Der Mensch der Verantwortung, der zwischen Bindung und Freiheit steht, der als Gebundener in Freiheit zu handeln wagen muß, findet seine Rechtfertigung weder in seiner Bindung, noch in seiner Freiheit, sondern allein in dem, der ihn in diese – menschlich unmögliche – Situation gestellt hat und die Tat von ihm fordert. Der Verantwortliche liefert sich selbst und seine Tat Gott aus.

Juli

1 Jesus steht vor Gott als der Gehorsame und als der Freie. Als der Gehorsame tut er den Willen des Vaters in blinder Befolgung des ihm befohlenen Gesetzes. Als der Freie bejaht er den Willen aus eigenster Erkenntnis, mit offenen Augen und freudigem Herzen, schafft er ihn gleichsam aus sich selbst heraus aufs neue.

2 Gehorsam ohne Freiheit ist Sklaverei, Freiheit ohne Gehorsam ist Willkür.

3 Der Gehorsam bindet die Freiheit, die Freiheit adelt den Gehorsam.

4 Der Gehorsam bindet das Geschöpf an den Schöpfer, die Freiheit stellt das Geschöpf in seiner Ebenbildlichkeit dem Schöpfer gegenüber.

Juli

Der Gehorsam zeigt dem Menschen, daß er sich sagen lassen muß, was gut ist und was Gott von ihm fordert, die Freiheit läßt den Menschen das Gute selbst schaffen. 5

Gehorsam weiß, was gut ist, und tut es. Die Freiheit wagt zu handeln und stellt das Urteil über Gut und Böse Gott anheim. 6

Gehorsam folgt blind, Freiheit hat offene Augen. 7

Gehorsam handelt ohne zu fragen, Freiheit fragt nach dem Sinn. 8

Gehorsam hat gebundene Hände, Freiheit ist schöpferisch. 9

10 Im Gehorsam befolgt der Mensch die Gebote Gottes, in der Freiheit schafft der Mensch neue Gebote.

11 In der Verantwortung realisiert sich beides, Gehorsam und Freiheit. Sie trägt diese Spannung in sich. Jede Verselbständigung des einen gegen das andere wäre das Ende der Verantwortung.

12 Wer eigene Ehre sucht, der sucht schon nicht mehr Gott und den Nächsten.

13 Weil der Christ sich nicht mehr selbst für klug halten kann, darum wird er auch von seinen eigenen Plänen und Absichten gering denken, er wird wissen, daß es gut ist, daß der eigene Wille gebrochen wird in der Begegnung mit dem Nächsten.

Der Eid ist der Beweis für die Lüge in der Welt. Könnte der Mensch nicht lügen, so wäre kein Eid notwendig. 14

Qualität ist der stärkste Feind jeder Art von Vermassung. 15

Erkenntnis der Wirklichkeit ist nicht dasselbe wie Kenntnis der äußeren Vorgänge, sondern das Erschauen des Wesens der Liebe. Nicht der Bestinformierte ist der Klügste. 16

Es gibt vor Gott kein lebensunwertes Leben; denn das Leben selbst ist von Gott wert gehalten. 17

Der verantwortlich Handelnde bezieht die gegebene Situation in sein Handeln ein, nicht allein als Stoff, dem er seine Ideen aufprägen will, sondern als die Tat mitgestaltend. 18

19 Gottes Gebot ist nicht nur Sollen, sondern auch Erlauben, es verbietet nicht nur, sondern es befreit zum echten Leben.

20 Der Radikalismus haßt die Zeit, der Kompromiß haßt die Ewigkeit; der Radikalismus haßt die Geduld, der Kompromiß haßt die Entscheidung, der Radikalismus haßt die Klugheit, der Kompromiß haßt die Einfalt. Der Radikalismus haßt das Maß, der Kompromiß haßt das Unermeßliche. Der Radikalismus haßt das Wirkliche, der Kompromiß haßt das Wort.

21 Die Frage nach dem christlichen Leben wird weder vom Radikalismus noch vom Kompromiß, sondern von Jesus Christus selbst entschieden und beantwortet.

Es ist nicht nötig, daß wir in der Meditation darum bemüht sind, in Worten zu denken und zu beten. Das schweigende Denken und Beten, das nur aus dem Hören kommt, kann oftmals förderlicher sein. 22

Der Christ lebt aus den Zeiten Gottes und nicht aus seinem eigenen Begriff vom Leben. 23

Ein Glaube, der nicht hofft, ist krank. 24

Nicht ein Gesetz, sondern der lebendige Gott und der lebendige Mensch, wie er mir in Jesus Christus begegnet, ist Ursprung und Ziel meines Gewissens. 25

Frei sein heißt nichts anderes, als in der Liebe sein. Und in der Liebe sein heißt nichts anderes, als in der Wahrheit Gottes sein. 26

27 Hilfe ist nur dann Hilfe, wenn sie gebraucht wird. Nicht wenn es uns gefällt, sie anzubieten.

28 Dem Dankbaren wird alles zum Geschenk, weil er weiß, daß es für ihn überhaupt kein verdientes Gut gibt.

29 Die Kraft des Menschen ist das Gebet. Beten ist Atemholen aus Gott; beten heißt sich Gott anvertrauen.

30 Es ist nicht gut, von ›Gesetzlichkeit‹ zu reden, wo es um die Ordnung unsers christlichen Lebens, um die Treue in den gebotenen Dingen des Schriftlesens und Betens geht. Unordnung zersetzt und zerbricht den Glauben.

31 Nicht die Bosheit, sondern die Schwäche der Menschen ist das, was die Menschenwürde am tiefsten entstellt und herabzieht.

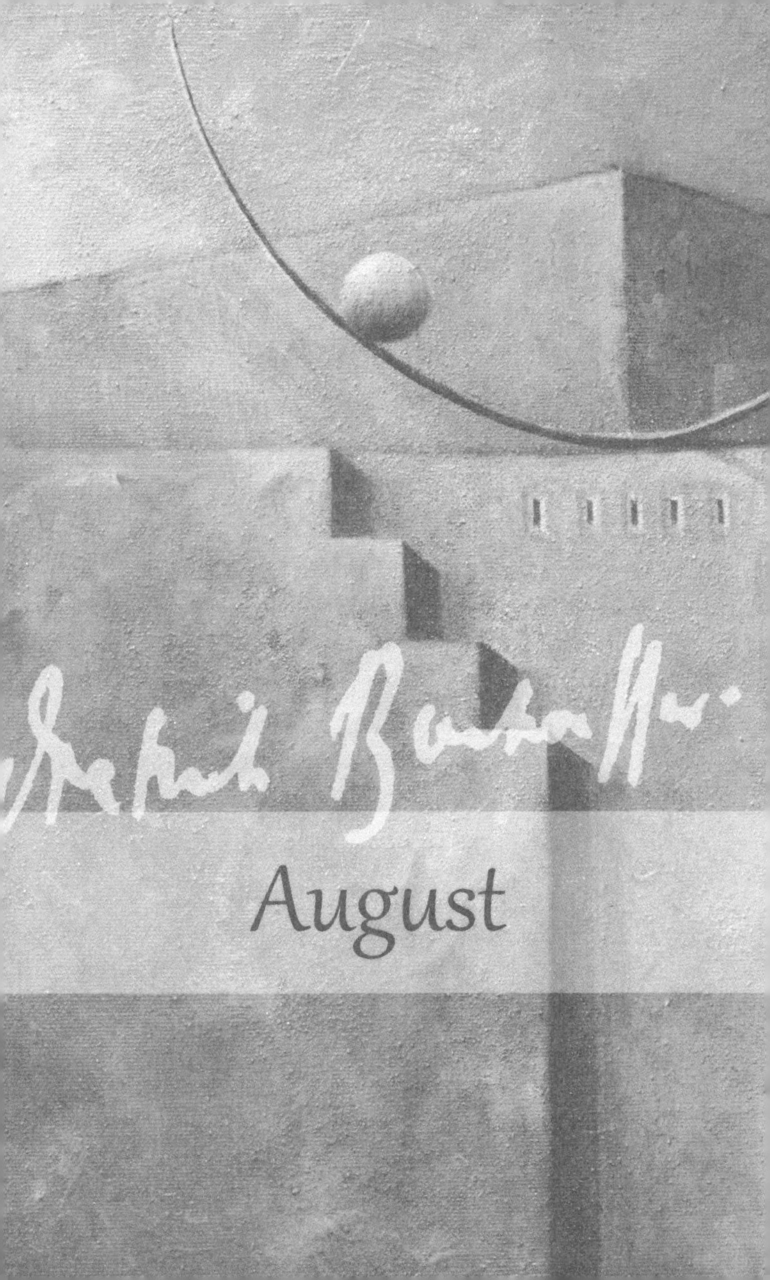

August

1 Die Güter der Gerechtigkeit, der Wahrheit, der Schönheit, alle großen Leistungen überhaupt brauchen Zeit, Beständigkeit, ›Gedächtnis‹, oder sie degenerieren.

2 Es kommt in einer christlichen Gemeinschaft alles darauf an, daß jeder Einzelne ein unentbehrliches Glied einer Kette wird.

3 Eine Kirche des Glaubens, die nicht noch viel mehr Kirche der reinen und allumfassenden Liebe ist, ist nichts nütze.

4 Nicht nur die Schwachen brauchen die Starken, sondern die Starken können auch nicht ohne die Schwachen sein. Die Ausschaltung der Schwachen ist der Tod der Gemeinschaft.

August

Die Bergpredigt gilt als Wort der weltversöhnenden Liebe Gottes entweder überall und jederzeit, oder sie geht uns ernstlich überhaupt nichts an. 5

Die echte christliche Verantwortung umfaßt das Ganze des weltlichen Handelns, sie läßt sich keineswegs auf irgendeinen isolierten religiösen Bereich beschränken. 6

Der Raum der Kirche ist nicht dazu da, um der Welt ein Stück ihres Bereiches streitig zu machen, sondern gerade um der Welt zu bezeugen, daß sie Welt bleibe, nämlich die von Gott geliebte und versöhnte Welt. 7

Das Wort der Bibel, daß die Furcht Gottes der Anfang der Weisheit sei, sagt, daß die innere Befreiung des Menschen zum verantwortlichen Leben vor Gott die einzige wirkliche Überwindung der Dummheit ist. 8

9 Wir müssen es auch riskieren, anfechtbare Dinge zu sagen, wenn dadurch nur lebenswichtige Fragen aufgerührt werden.

10 Ein schwerer, verhängnisvoller Irrtum ist es, wenn man Religion mit Gefühlsduselei verwechselt. Religion ist Arbeit. Und vielleicht die schwerste und gewiß die heiligste Arbeit, die ein Mensch tun kann.

11 Es bedarf ernstlicher Aufmerksamkeit, unermüdlichen Fragens und Lernens, um das rechte Gebot zu vernehmen und so die unerschöpfliche Güte Gottes in allen seinen Geboten zu erkennen.

12 Mit Gott tritt man nicht auf der Stelle, sondern man beschreitet einen Weg.

Wer sich um die Wahrheit seines eigenen Lebens betrügt, betrügt sich gewiß auch um die Wahrheit Gottes. 13

Wo der Verstand sich entrüstet, wo unsere Natur sich auflehnt, wo unsere Frömmigkeit sich ängstlich fernhält, dort, gerade dort liebt es Gott zu sein. 14

Das ›Christliche‹ ist nicht etwas jenseits des Menschlichen, sondern es will mitten im Menschlichen sein. Das ›Christliche‹ ist nicht ein Selbstzweck, sondern es besteht darin, daß der Mensch als Mensch vor Gott leben darf und soll. 15

Gottes Gebot ist immer ein konkretes Reden *zu* jemandem, niemals ein abstraktes Reden *über* etwas oder jemanden. Es ist immer Anrede. 16

17 Weil wir wissen, daß unser Leben letzten Endes Gott geborgenes, göttliches Leben ist, darum wissen wir auch, was für Ansprüche wir der Kirche gegenüber zu stellen haben. Von unserem sichtbaren Leben soll geredet werden.

18 Wahrheit, das ist höchster Wert nicht nur in der Wissenschaft, sondern noch viel mehr und viel dringlicher in der Religion, auf die wir ja unser Leben begründen wollen.

19 Die eigenen Wege führen im Kreise immer zu uns selbst zurück. Aber wenn Gott unsere Wege leitet, dann führen sie zu ihm. Gott leitet uns durch Glück und Unglück – immer nur zu Gott. Daran erkennen wir Gottes Wege.

August

Wo Gottes Verheißung vernommen und ernst genommen wird, dort wird Kirche. 20

Der Christ hat sein Betätigungsfeld in der Welt. Hier soll er anfassen, mitschaffen und wirken, hier den Willen Gottes tun. Und darum ist der Christ nicht resignierter Pessimist, sondern einer, der freilich von der Welt weniger hofft – die Welt vergeht – der aber von Gott alles erhofft und darum also schon in der Welt freudig und heiter ist. 21

Teure Gnade ist das Evangelium, das immer wieder gesucht, die Gabe, um die gebeten, die Tür, an die angeklopft werden muß. 22

23 Der Mensch, der liebt, weil er durch die Wahrheit Gottes frei gemacht ist, ist der revolutionärste Mensch auf Erden.

24 Die Hauptsache ist, daß man mit Gott Schritt hält und ihm nicht immer einige Schritte vorauseilt, allerdings auch keinen Schritt hinter ihm zurück bleibt.

25 In konkreter Verantwortung handeln heißt in Freiheit handeln, ohne Rückendeckung durch Menschen oder Prinzipien selbst entscheiden, handeln und für die Folgen des Handelns einstehen.

Die Liebe, um die es im Evangelium im Unterschied zu aller Philosophie geht, ist nicht eine Methode des Umgangs mit Menschen, sondern ein Hineingezogenwerden und Hineinziehen in ein Ereignis, nämlich in die in Jesus Christus vollzogene Gemeinschaft Gottes mit der Welt. 26

Eine christliche Gemeinschaft lebt aus der Fürbitte der Glieder füreinander, oder sie geht zugrunde. 27

Wo Gottes Wort bei mir ist, finde ich in der Fremde meinen Weg, im Unrecht mein Recht, in der Ungewißheit meinen Halt, in der Arbeit meine Kraft, im Leiden die Geduld. 28

Wer einen Menschen verachtet, wird niemals etwas aus ihm machen können. 29

30 Nicht unserer Hoffnungen werden wir uns einstmals zu schämen haben, sondern unserer ärmlichen und ängstlichen Hoffnungslosigkeit, die Gott nichts zutraut, die in falscher Demut nicht zugreift, wo Gottes Verheißungen gegeben sind.

31 Schweigen heißt nicht Stummsein, wie Wort nicht Gerede heißt. Stummsein schafft nicht Einsamkeit und Gerede schafft nicht Gemeinschaft.

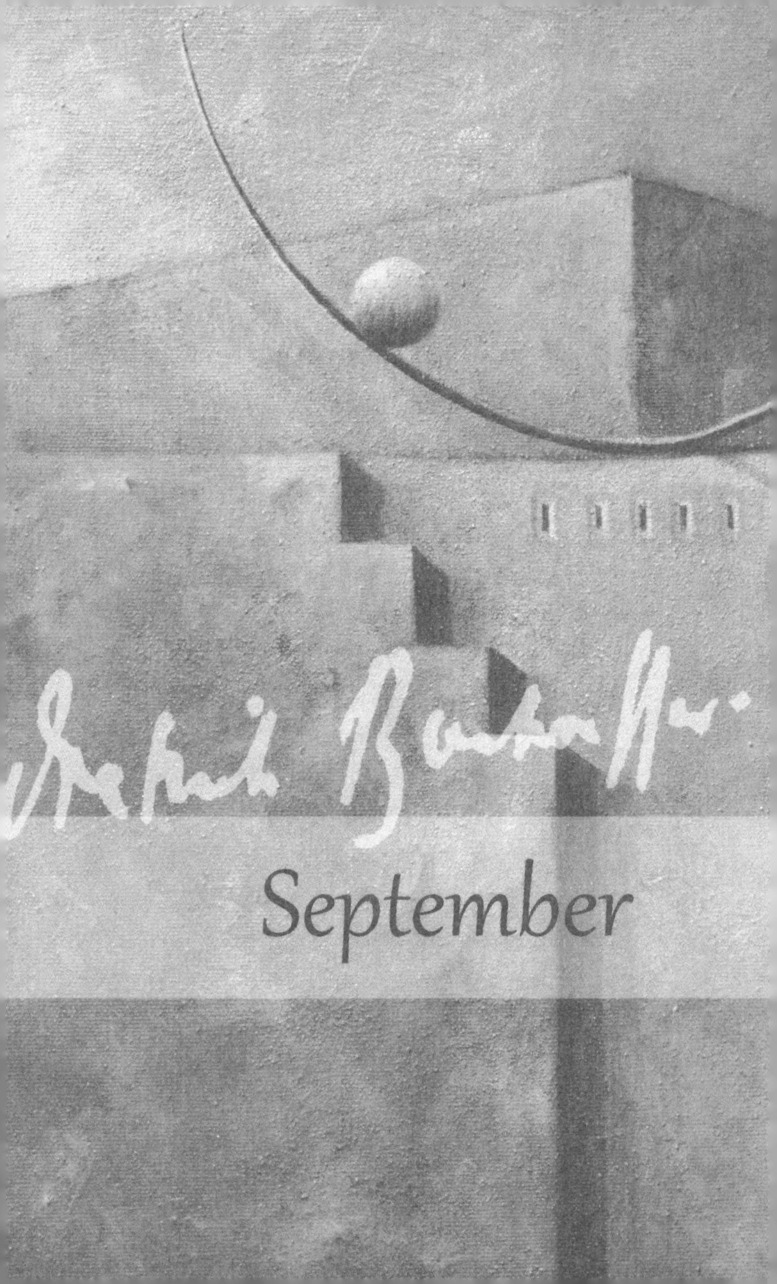
September

1 Wenn wir nicht den Mut haben, wieder ein echtes Gefühl für menschliche Distanzen aufzurichten und darum persönlich zu kämpfen, dann kommen wir in einer Anarchie menschlicher Werte um.

2 Von Gott nicht mehr loskommen können, das ist die dauernde Beunruhigung jedes christlichen Lebens.

3 Muß es so sein, daß das Christentum, das einstmals so ungeheuer revolutionär begonnen hat, nun für alle Zeiten konservativ ist?

4 Nicht zurück, aber auch nicht in unübersehbare Fernen schaut der Mann, der den Pflug führt, sondern auf den nächsten Schritt, den er tun muß; Rückblicke sind keine christliche Sache. Laß dahinten Angst, Kummer, Schuld. Du aber sieh auf den, der dir einen neuen Anfang gegeben hat.

September

Das Evangelium bleibt als die eine und einzige wahre 5
Verkündigung von Gott und seiner Herrschaft über alle Welt.

Wir müssen erst einmal ganz verlernen, ›ich will‹ zu 6
sagen, ehe Gott durch den Heiligen Geist uns lehrt, es neu und richtig zu sagen.

Es ist oft besser, wenig und langsam in der Bibel zu 7
lesen und zu warten, bis es in uns eingedrungen ist, als von Gottes Wort zwar viel zu wissen, aber es nicht in sich zu ›bergen‹.

Wo Gott als Gott erkannt wird, dort will er als erstes 8
den Dank seiner Geschöpfe.

9 Christsein heißt nicht in einer bestimmten Weise religiös sein, auf Grund irgendeiner Methodik etwas aus sich machen (einen Sünder, Büßer oder einen Heiligen), sondern es heißt Menschsein, nicht einen Menschentypus, sondern den Menschen schafft Christus in uns.

10 Die Predigt des Wortes Gottes ist die einzige ernsthafte Bedrohung einer stolz gewordenen Menschheit.

11 Jesus ruft nicht zu einer neuen Religion, sondern zum Leben.

Die Bergpredigt stellt den zum geschichtlichen Handeln Geforderten vor das Ereignis der Versöhnung der Welt mit Gott in Jesus Christus, und damit in die echte christliche Verantwortung. 12

Klug ist, wer die Wirklichkeit sieht, wie sie ist, wer auf den Grund der Dinge sieht. Klug ist allein, wer die Wirklichkeit in Gott sieht. 13

Nur aus dem Frieden zwischen zweien und dreien kann der große Friede einmal erwachsen, auf den wir hoffen. 14

Es gibt keine Wahrheit Jesus gegenüber ohne Wahrheit den Menschen gegenüber. Die Lüge zerstört die Gemeinschaft. 15

16 Gewiß ist, daß wir immer in der Nähe und unter der Gegenwart Gottes leben dürfen und daß dieses Leben für uns ein ganz neues Leben ist; daß es für uns nichts Unmögliches mehr gibt, weil es für Gott nichts Unmögliches gibt.

17 Man soll Gott in dem finden und lieben, was er uns gerade gibt.

18 Nicht nur die Angst ist ansteckend, sondern auch die Ruhe und die Freude, mit der wir dem jeweils Auferlegten begegnen.

Wie sollte man bei Erfolgen übermütig oder an Mißerfolgen irre werden, wenn man im diesseitigen Leben Gottes Leiden mitleidet? 19

In dem, was wir erkennen, sollen wir Gott finden, nicht aber in dem, was wir nicht erkennen. 20

Es gibt kaum ein beglückenderes Gefühl, als zu spüren, daß man für andere Menschen etwas sein kann. 21

Gott wird besser geehrt, wenn wir das Leben, das er uns gegeben hat, in allen seinen Werten kennen und ausschöpfen und lieben und darum auch den Schmerz über beeinträchtigte oder verlorene Lebenswerte stark und aufrichtig empfinden. 22

23 Was geistliche Liebe zum Andern heißt, weiß ich nicht schon im voraus aus dem allgemeinen Begriff von Liebe, der aus meinem seelischen Verlangen erwachsen ist; was Liebe ist, wird mir allein Christus in seinem Wort sagen.

24 Das Gute verlangt nach dem Ganzen, nicht nur nach der ganzen Gesinnung, sondern auch nach dem ganzen Werk, nach dem ganzen Menschen mitsamt den ihm gegebenen Mitmenschen.

25 Selbsterkenntnis ist die nie zum Ende gelangende Bemühung des Menschen die Entzweiung mit sich selbst denkend zu überwinden, durch unaufhörliches Sich unterscheiden von sich selbst zur Einheit mit sich selbst zu kommen.

Das rechte Gebet ist nicht ein Werk, eine Übung, eine fromme Haltung, sondern es ist die Bitte des Kindes zum Herzen des Vaters. Darum ist das Gebet niemals demonstrativ, weder vor Gott, noch vor uns selbst, noch vor anderen. 26

Wir müssen bereit werden, uns von Gott unterbrechen zu lassen. 27

Vom ersten Aufwachen bis zum Einschlafen müssen wir den anderen Menschen ganz und gar Gott befehlen und ihm überlassen, und aus unseren Sorgen um den Anderen Gebete für ihn werden lassen. 28

Die prinzipielle Aufhebung der göttlichen Gebote im vermeintlichen Interesse der irdischen Selbsterhaltung wirkt dem eigenen Interesse dieser Selbsterhaltung entgegen. 29

30 Wo zwei Menschen alles voneinander wissen, wird das Geheimnis ihrer Liebe zwischen ihnen unendlich groß. Das Wissen hebt das Geheimnis nicht auf, sondern vertieft es. Daß der Andere mir so nahe ist, das ist das größte Geheimnis.

Oktober

1 Man überschätzt wohl leicht das eigene Wirken und Tun in seiner Wichtigkeit gegenüber dem, was man nur durch andere geworden ist.

2 Es gibt erfülltes Leben trotz vieler unerfüllter Wünsche.

3 In die ersten Augenblicke des neuen Tages gehören nicht eigene Pläne und Sorgen, auch nicht der Übereifer der Arbeit, sondern Gottes befreiende Gnade, Gottes segnende Nähe.

4 Wer in der Liebe Gottes bleibt, geht nicht den vorgeschriebenen Weg der Vortrefflichkeit in der Welt, sondern eigene, unverständliche, oft törichte Wege.

5 Der Christ lebt ganz von der Wahrheit des Wortes Gottes in Jesus Christus.

Wenn man nicht mehr weiß, was man sich und anderen schuldig ist, wo das Gefühl für menschliche Qualität und die Kraft, Distanz zu halten, erlischt, dort ist das Chaos vor der Tür. 6

Wie Gottes Liebe in die Welt einging und sich dem Mißverständnis und der Zweideutigkeit alles Weltlichen ergab, so existiert die christliche Liebe auch nicht anders als im Weltlichen, in der unendlichen Fülle konkreten weltlichen Handelns aller Mißdeutung und Verurteilung unterworfen. 7

Im Glauben kann ich alles ertragen – hoffe ich – aber eine ängstliche Vorsicht zermürbt. 8

Es gehört zur Begrenztheit verantwortlichen Lebens und Handelns, daß es mit der Verantwortlichkeit der anderen ihm begegnenden Menschen rechnet. 9

10 Auch mit meinen frömmsten Entscheidungen und Wegen kann ich zuschanden werden, niemals aber mit Gottes Gebot. Nicht meine Frömmigkeit, sondern Gott allein bewahrt mich vor Beschämung und Schande.

11 In mir ist es finster, aber bei dir ist Licht ich bin einsam, aber du verläßt mich nicht.

12 Gott lieben, das heißt, sich an ihm freuen, gerne an ihn denken, gern zu ihm beten.

13 Die Zehn Gebote enthalten kein Gebot zu arbeiten, aber ein Gebot, von der Arbeit zu ruhen. Das ist die Umkehrung von dem, was wir zu denken gewohnt sind.

14 Wer nicht lange und geduldig zuhören kann, der wird am Andern immer vorbeireden und es selbst schließlich gar nicht mehr merken.

Wir wollen reden zu dieser Welt, kein halbes, sondern ein ganzes Wort, ein mutiges Wort, ein christliches Wort. 15

Nicht von einem Naturrecht, Vernunftrecht, allgemeinen Menschenrecht aus, sondern allein vom Evangelium von Jesus Christus aus ergibt sich das richtige Verhältnis der Kirche zur Welt. 16

Nicht unsere ausgereckte Bettlerhand, sondern das, womit Gott sie füllt, darauf kommt's an. Und das heißt eben, zunächst nicht wir und unser Tun, sondern zunächst Gott und Gottes Tun. 17

Glauben empfangen wir von Gott immer nur so viel, wie wir für den gegenwärtigen Tag gerade brauchen. Der Glaube ist das tägliche Brot, das Gott uns gibt. 18

19 Gegen das Vergessen schützt nur die Liebe.

20 Wir alle haben Angst vor der Wahrheit. Und diese Angst ist im Grunde unsere Angst vor Gott.

21 Nicht die Welt aus den Angeln zu heben, sondern am gegebenen Ort das sachlich – im Blick auf die Wirklichkeit – Notwendige zu tun und dieses wirklich zu tun, kann die Aufgabe sein.

22 Unser Christsein wird heute nur in zweierlei bestehen: im Beten und im Tun des Gerechten unter den Menschen. Alles Denken, Reden und Organisieren in den Dingen des Christentums muß neu geboren werden aus diesem Beten und diesem Tun.

In der Beschränkung auf das Pflichtgemäße kommt es niemals zu dem Wagnis der auf eigenste Verantwortung hin geschehenden Tat. 23

Quantitäten machen einander den Raum streitig, Qualitäten ergänzen einander. 24

Keine irdische Macht kann uns anrühren ohne Gottes Willen; Gefahr und Not treiben uns nur näher zu Gott; gewiß ist, daß wir nichts zu beanspruchen haben und doch alles erbitten dürfen. 25

So gewiß der Mensch glaubt, so gewiß hofft er. Und es ist keine Schande zu hoffen, grenzenlos zu hoffen. 26

Gott will nicht, daß ich den Andern nach dem Bilde forme, das mir gut erscheint, also nach meinem eigenen Bilde, sondern in seiner Freiheit von mir hat Gott den Andern zu seinem Ebenbild gemacht. 27

28 Gott führe uns freundlich durch diese Zeiten; aber vor allem führe er uns zu sich.

29 Das Wort Gottes verbündet sich nicht mit dem Aufruhr des Mißtrauens, dem Aufruhr von unten. Sondern es regiert.

30 Gott gab uns sein Wort, aus dem wir seinen Willen erkennen sollen. Die Bibel will gelesen und bedacht sein, täglich neu.

31 In Gottes Wort allein steht unsere Kirche, und in seinem Wort sind wir die Gerichteten. Die Kirche, die in der Buße steht, die Kirche, die Gott Gott sein läßt, ist die Kirche der Apostel und Luthers.

November

1 Wo einer meint, den Weg mit Gott nicht mehr länger gehen zu können, weil er zu schwer ist, da wird uns Gottes Nähe, Gottes Treue, Gottes Stärke zum Trost und zur Hilfe, da erst erkennen wir Gott und den Sinn unseres christlichen Lebens recht.

2 In dem Augenblick, in dem ein Mensch Verantwortung für andere Menschen auf sich nimmt, entsteht die echte ethische Situation, die sich von der Abstraktion, in der der Mensch sonst das Ethische zu bewältigen sucht, allerdings wesentlich unterscheidet.

3 Nicht die Frage, ob wir gerecht sein können neben Gott, ist gestellt, sondern die Frage, wie es wahr und wirklich ist, daß Gott allein gerecht ist.

November

Das Ach unserer Wünsche und das Ach des Gebetes ist zweierlei; jenes kommt aus unserer Not, wie wir sie selbst verstehen, dieses aus unserer Not, wie sie uns Gott zu sehen gelehrt hat; jenes ist anspruchsvoll oder verzweifelt, dieses ist demütig und zuversichtlich. 4

Wer Gemeinschaft will ohne Alleinsein, der stürzt in die Leere der Worte und Gefühle, wer Alleinsein sucht ohne Gemeinschaft, der kommt im Abgrund der Eitelkeit, Selbstvernarrtheit und Verzweiflung um. 5

Sieh den Menschen in die Augen. Dann wirst du wissen, wie sie es meinen. Merke darauf, wie die Menschen lachen. Höre, wie die Menschen von ihren Eltern reden. Höre, wie sie von Gott reden. 6

Dummheit ist ein gefährlicherer Feind des Guten als Bosheit. 7

8 Wenn schon die Illusion im Leben der Menschen eine so große Macht hat, daß sie das Leben in Gang hält, wie groß ist dann erst die Macht, die eine absolut begründete Hoffnung für das Leben hat, und wie unbesiegbar ist so ein Leben.

9 Nicht das Beliebige, sondern das Rechte tun und wagen, nicht im Möglichen schweben, das Wirkliche tapfer ergreifen, nicht in der Flucht der Gedanken, allein in der Tat ist die Freiheit.

10 Gott gibt uns die Gebote, damit wir bei ihm, für ihn und mit ihm sein und bleiben können. Er bekennt sich zu uns, indem er uns sein Gebot wissen läßt als Herr und als Helfer.

Sorget nicht! Die Güter und Schätze spiegeln dem menschlichen Herzen vor, ihm Sicherheit und Sorglosigkeit zu geben; aber in Wahrheit verursachen sie gerade erst die Sorge. Das Herz, das sich an die Güter hängt, empfängt mit ihnen die erstickende Last der Sorge. 11

Es gibt eine Zeit des Zulassens, Wartens, Vorbereitens Gottes und es gibt eine letzte Zeit, die das Vorletzte richtet und abbricht. 12

Ob die menschliche Tat eine Sache des Glaubens ist oder nicht, entscheidet sich darin, ob der Mensch sein Leiden als eine Fortsetzung seiner Tat, als eine Vollendung der Freiheit versteht oder nicht. 13

Wünsche, an die wir uns zu sehr klammern, rauben uns leicht etwas von dem, was wir sein sollen und können. Wünsche, die wir um der gegenwärtigen Aufgabe willen immer wieder überwinden, machen uns – umgekehrt – reicher. 14

15 Die alte Treue Gottes allmorgendlich neu zu fassen, mitten in einem Leben mit Gott täglich ein neues Leben mit ihm beginnen zu dürfen, das ist das Geschenk, das Gott uns mit jedem neuen Morgen macht.

16 Ich glaube, wir sollen Gott in unserem Leben und in dem, was er uns an Gutem gibt, so lieben und solches Vertrauen zu ihm fassen, daß wir, wenn die Zeit kommt und da ist – aber wirklich erst dann! – auch mit Liebe, Vertrauen und Freude zu ihm gehen.

17 Mitten im Leben muß Gott erkannt werden; im Leben und nicht erst im Sterben, in Gesundheit und Kraft und nicht erst im Leiden, im Handeln und nicht erst in der Sünde will Gott erkannt werden.

Ich darf meinem Los, ein Gast und Fremdling auf dieser Erde sein zu müssen, nicht dadurch ausweichen, daß ich mein irdisches Leben in Gedanken an den Himmel verträume. 18

Mag sein, daß der Jüngste Tag morgen anbricht, dann wollen wir gern die Arbeit für eine bessere Zukunft aus der Hand legen, vorher aber nicht. 19

Mit dem Sterben fertig werden bedeutet noch nicht mit dem Tod fertig werden. Die Überwindung des Sterbens ist im Bereich menschlicher Möglichkeiten, die Überwindung des Todes heißt Auferstehung. 20

Man kann und darf das letzte Wort nicht vor dem vorletzten sprechen. 21

22 Der Tod ist die Hölle und die Nacht und die Kälte, wenn ihn unser Glaube nicht verwandelt. Aber das ist ja das Wunderbare, daß wir den Tod verwandeln können.

23 Das Jenseitige ist nicht das unendlich Ferne, sondern das Nächste.

24 Nach dem Tode geht ein Neues an, über das alle Mächte der Todeswelt keine Gewalt mehr haben.

25 Für uns Menschen sind die Unterschiede zwischen Tod und Leben ungeheuer groß. Für Gott fallen sie in eins zusammen.

Gott wird es dem, der ihn in seinem irdischen Glück findet und ihm dankt, schon nicht an Stunden fehlen lassen, in denen er daran erinnert wird, daß alles Irdische nur etwas Vorläufiges ist und daß es gut ist, sein Herz an die Ewigkeit zu gewöhnen. 26

Reden von den menschlichen Grenzen ist fragwürdig geworden, es scheint mir immer, wir wollten dadurch nur ängstlich Raum aussparen für Gott; – ich möchte von Gott nicht an den Grenzen, sondern in der Mitte, nicht in den Schwächen, sondern in der Kraft, nicht also bei Tod und Schuld, sondern im Leben und im Guten des Menschen sprechen. 27

Es ist kein neues Ideal eines zukünftigen Menschen, das Jesus uns zur Verwirklichung vor die Augen stellt. Sondern es ist der Mensch Gottes selbst, von dem Jesus redet, wenn er den Wartenden selig preist. 28

29 Niemand besitzt Gott so, daß er nicht mehr ganz auf ihn warten müßte. Und doch: niemand kann auf Gott warten, der nicht wüßte, daß Gott schon längst auf ihn gewartet hat.

30 Advent feiern heißt warten können.

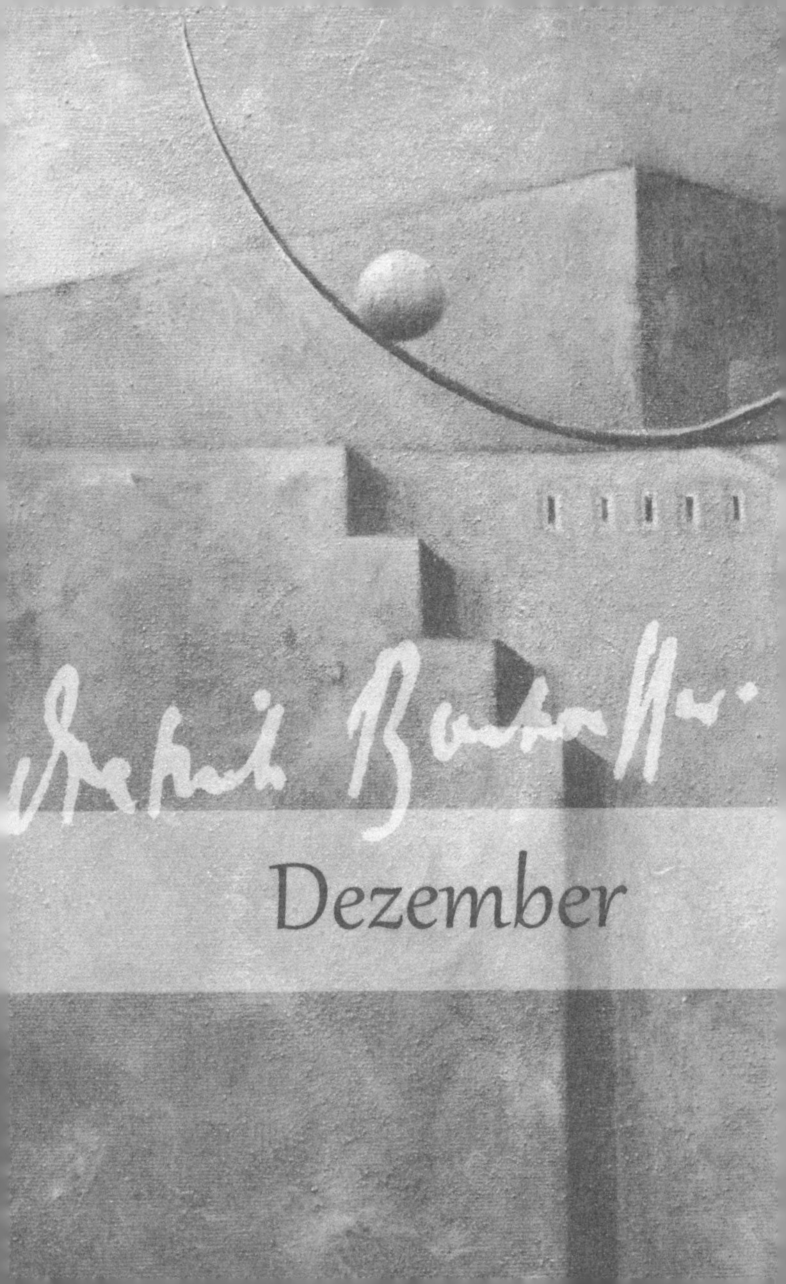
Dezember

1 Optimismus ist in seinem Wesen keine Ansicht über die gegenwärtige Situation, sondern er ist eine Lebenskraft, eine Kraft der Hoffnung, wo andere resignieren, eine Kraft, den Kopf hochzuhalten, wenn alles fehlzuschlagen scheint, eine Kraft, Rückschläge zu ertragen, eine Kraft, die die Zukunft niemals dem Gegner läßt, sondern sie für sich in Anspruch nimmt.

2 Nicht alle unsere Wünsche, aber alle seine Verheißungen erfüllt Gott.

3 Die Geheimnislosigkeit unseres modernen Lebens ist unser Verfall und unsere Armut.

4 Christus wandelt auf der Erde, so lange es Menschen gibt, als dein Nächster, als der, durch den Gott dich anruft, anspricht, Ansprüche stellt. Das ist der größte Ernst und die größte Seligkeit der Adventsbotschaft. Christus lebt in der Gestalt des Menschen unter uns.

Dezember

Wenn Gott die Welt, die ganze abgefallene Kreatur geliebt hat, dann hat er uns keinen Vorzug vor anderen gegeben. Er hat meinen schlimmsten Feind nicht weniger geliebt als mich. 5

Wo noch Hoffnung ist, da ist kein Unterliegen. 6

Ein Christenleben besteht nicht in Worten, sondern in Erfahrung. Niemand ist Christ ohne Erfahrung. Nicht von der Lebenserfahrung ist hier die Rede, sondern von der Erfahrung Gottes. 7

Freude lebt von der Stille und von der Unbegreiflichkeit. 8

9 Da die Zeit das kostbarste, weil unwiederbringlichste Gut ist, über das wir verfügen, beunruhigt uns bei jedem Rückblick der Gedanke etwa verlorener Zeit.

10 Gott ist Liebe. Das heißt, daß Anfang und Ende menschlichen Lebens bei Gott aufgehoben sind.

11 Wer bringt es denn heute noch fertig, so zu warten, so in der Zukunft zu leben, als wäre sie Gegenwart, so von Gott zu leben, als wäre er gewisser als mein eigenes Leben? Niemand anders als der weiß, daß der Gott, der da kommen will, schon längst gekommen ist.

12 Der Grund der Liebe Gottes zum Menschen liegt nicht im Menschen, sondern allein in Gott selbst.

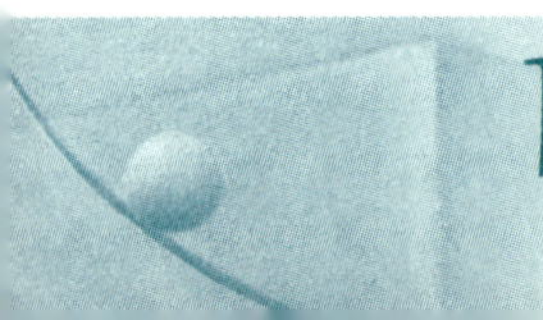

Dezember

Aus Liebe zum Menschen wird Gott Mensch. 13

Gott ist uns näher als das Vergangene. 14

Wir müssen uns klar werden, wie wir angesichts der Krippe im Stall von Bethlehem künftighin über hoch und niedrig im menschlichen Leben denken wollen. 15

Der Grund aus dem wir als wirkliche Menschen leben dürfen und den wirklichen Menschen neben uns lieben dürfen, liegt allein in der Menschwerdung Gottes, in der unergründlichen Liebe Gottes zum Menschen. 16

Wir dürfen, so dankbar wir für alle persönlichen Freuden sind, keinen Augenblick die großen Dinge um derentwillen wir leben, aus dem Auge verlieren. 17

18 Wo anders sollen wir die Gnade suchen für alle Untreue, allen Kleinglauben, alles Versagen als in der Niedrigkeit Gottes in der Krippe?

19 Gott schämt sich der Niedrigkeit des Menschen nicht. Er geht mitten hinein, er wählt einen Menschen zu seinem Werkzeug und tut seine Wunder dort, wo man sie am wenigsten erwartet.

20 Weil Jesus Christus die menschgewordene Liebe Gottes zu den Menschen ist, darum ist er nicht der Verkünder abstrakter ethischer Ideologien, sondern der konkrete Vollstrecker der Liebe Gottes.

21 Wenn Gott in Jesus Christus Raum in der Welt beansprucht – und sei es nur in einem Stalle, weil ›sonst kein Raum in der Herberge‹ war – so faßt er in diesem engen Raum zugleich die ganze Wirklichkeit der Welt zusammen und offenbart ihren letzten Grund.

Bei Gott wohnt die Freude und von ihm kommt sie herab und ergreift Geist, Seele und Leib, und wo diese Freude einen Menschen gefaßt hat, dort greift sie um sich, dort reißt sie mit, dort sprengt sie verschlossene Türen. 22

Gott nahm in der Geburt Jesu Christi die Menschheit an, nicht nur einen einzelnen Menschen. 23

Von der Geburt eines Kindes ist die Rede, nicht von der umwälzenden Tat eines starken Mannes, nicht von der kühnen Entdeckung eines Weisen, nicht von dem frommen Werk eines Heiligen. Es geht wirklich über alles Begreifen: Die Geburt eines Kindes soll die große Wendung aller Dinge herbeiführen, soll der ganzen Menschheit Heil und Erlösung bringen. 24

25 Ein Kind, von Menschen geboren; ein Sohn, von Gott gegeben. Das ist das Geheimnis der Erlösung der Welt. Alles Vergangene und alles Zukünftige ist hier umschlossen.

26 Die Freude Gottes ist durch die Armut der Krippe und die Not des Kreuzes gegangen; darum ist sie unüberwindlich, unwiderleglich.

27 Die Hirten wie die Weisen aus dem Osten stehen an der Krippe, nicht als ›bekehrte Sünder‹, sondern einfach, weil sie, so wie sie sind, von der Krippe her angezogen werden.

28 Wer wird Weihnachten recht feiern? Wer alle Gewalt, alle Ehre, alles Ansehen, alle Eitelkeit, allen Hochmut, alle Eigenwilligkeit endlich niederlegt an der Krippe.

Gott will nicht tote Christen, sondern Christen, die 29
ihrem Herrn leben. Hören wir dieses Wort nicht, so ist Weihnachten an uns vorübergegangen.

Gottes Wort beansprucht meine Zeit. Gott selbst 30
ging ein in die Zeit und will nun auch, daß ich ihm meine Zeit gebe. Christsein ist nicht die Sache eines Augenblicks, sondern es will Zeit.

Von guten Mächten wunderbar geborgen erwarten 31
wir getrost, was kommen mag. Gott ist bei uns am Abend und am Morgen, und ganz gewiß an jedem neuen Tag.

Quellenverzeichnis

Hier sind die jeweiligen Seiten der einzelnen Bände Dietrich Bonhoeffer Werke (DBW) angegeben.

DBW 4: Nachfolge. Hg. von Martin Kuske und Ilse Tödt. 3. Auflage 2002. 391 S.
DBW 5: Gemeinsames Leben / Das Gebetbuch der Bibel. Hg. von Gerhard L. Müller und Albrecht Schönherr (†). 3. Auflage 2008. 208 S.
DBW 6: Ethik. Hg. von Ernst Feil, Clifford Green, Heinz E. Tödt (†) und Ilse Tödt. 2. Auflage 1998. 586 S.
DBW 8: Widerstand und Ergebung. Hg. von Christian Gremmels, Eberhard Bethge (†) und Renate Bethge in Zusammenarbeit mit Ilse Tödt. 1. Auflage 1998. 800 S.
DBW 9: Jugend und Studium 1918–1927. Hg. von Hans Pfeifer in Zusammenarbeit mit Clifford Green und Carl J. Kaltenborn. 2. Auflage 2005. 728 S.
DBW 10: Barcelona, Berlin, Amerika 1928–1931. Hg. von Hans Christian von Hase und Reinhart Staats in Zusammenarbeit mit Holger Roggelin und Matthias Wünsche. 2. Auflage 2005. 784 S.
DBW 11: Ökumene, Universität, Pfarramt 1931–1932. Hg. von Eberhard Amelung und Christoph Strohm. 1. Auflage 1994. 579 S.
DBW 12: Berlin 1932–1933. Hg. von Carsten Nicolaisen und Ernst A. Scharffenorth. 1. Auflage 1997. 640 S.
DBW 13: London 1933–1935. Hg. von Hans Goedeking, Martin Heimbucher und Hans-Walter Schleicher (†). 1. Auflage 1994. 609 S.
DBW 14: Illegale Theologenausbildung: Finkenwalde 1935–1937. Hg. von Otto Dudzus (†) und Jürgen Henkys in Zusammenarbeit mit Sabine Bobert-Stützel, Dirk Schulz und Ilse Tödt. Bearbeitet von Herbert Anzinger. 1. Auflage 1996. 1269 S.
DBW 15: Illegale Theologenausbildung: Sammelvikariate 1937–1940. Hg. von Dirk Schulz. 1. Auflage 1998. 763 S.
DBW 16: Konspiration und Haft 1940–1945. Hg. von Jørgen Glenthøj, Ulrich Kabitz und Wolf Krötke. Bearbeitet von Herbert Anzinger. 1. Auflage 1996. 972 S.

Januar

1.	DBW 14	871
2.	DBW 15	218
3.	DBW 10	514
4.	DBW 15	374
5.	DBW 16	492
6.	DBW 15	575
7.	DBW 6	219
8.	DBW 8	31
9.	DBW 8	429f
10.	DBW 5	25
11.	DBW 14	871
12.	DBW 8	31
13.	DBW 13	375
14.	DBW 16	491
15.	DBW 8	25
16.	DBW 6	71
17.	DBW 14	868
18.	DBW 16	491
19.	DBW 16	493
20.	DBW 5	67
21.	DBW 10	484
22.	DBW 8	572
23.	DBW 8	30
24.	DBW 8	36
25.	DBW 8	205
26.	DBW 8	359
27.	DBW 15	525
28.	DBW 13	360
29.	DBW 13	298f
30.	DBW 4	143
31.	DBW 4	158

Februar

1.	DBW 5	84
2.	DBW 6	179
3.	DBW 6	33
4.	DBW 6	323
5.	DBW 8	548
6.	DBW 8	158
7.	DBW 8	24
8.	DBW 8	29
9.	DBW 8	31
10.	DBW 5	68
11.	DBW 11	456
12.	DBW 14	952
13.	DBW 12	445
14.	DBW 13	517
15.	DBW 14	908
16.	DBW 15	466
17.	DBW 15	469f
18.	DBW 14	355f
19.	DBW 5	20
20.	DBW 13	360
21.	DBW 8	573
22.	DBW 8	535
23.	DBW 8	34
24.	DBW 15	472
25.	DBW 15	373
26.	DBW 11	403
27.	DBW 8	516
28.	DBW 11	457
29.	DBW 6	283

März

1.	DBW 11	398
2.	DBW 14	859
3.	DBW 15	467
4.	DBW 15	472
5.	DBW 4	84
6.	DBW 6	149
7.	DBW 8	551
8.	DBW 8	572f
9.	DBW 8	500f
10.	DBW 8	535
11.	DBW 6	232
12.	DBW 14	643
13.	DBW 15	374
14.	DBW 5	15
15.	DBW 15	525
16.	DBW 5	18
17.	DBW 15	18
18.	DBW 13	403
19.	DBW 8	29
20.	DBW 12	445
21.	DBW 13	517
22.	DBW 14	332
23.	DBW 15	465
24.	DBW 6	148f
25.	DBW 6	243
26.	DBW 6	243
27.	DBW 6	150
28.	DBW 6	78
29.	DBW 8	368
30.	DBW 8	534
31.	DBW 8	500

April

1.	DBW 8	573
2.	DBW 16	194
3.	DBW 8	49
4.	DBW 10	473
5.	DBW 10	463
6.	DBW 16	472f
7.	DBW 12	440f
8.	DBW 11	452
9.	DBW 10	463
10.	DBW 14	644
11.	DBW 14	872
12.	DBW 10	464
13.	DBW 8	28
14.	DBW 8	35
15.	DBW 10	475f
16.	DBW 6	325
17.	DBW 6	94
18.	DBW 6	171
19.	DBW 6	226
20.	DBW 6	257
21.	DBW 6	70
22.	DBW 5	84
23.	DBW 11	421
24.	DBW 5	86
25.	DBW 5	92
26.	DBW 4	52
27.	DBW 13	299
28.	DBW 16	666f
29.	DBW 15	526
30.	DBW 6	283

Mai

1.	DBW 15	530
2.	DBW 6	241
3.	DBW 15	535
4.	DBW 15	502
5.	DBW 16	658
6.	DBW 8	433
7.	DBW 8	34
8.	DBW 13	300
9.	DBW 6	224
10.	DBW 13	360
11.	DBW 8	25
12.	DBW 10	537
13.	DBW 8	551
14.	DBW 10	484
15.	DBW 8	364
16.	DBW 8	205
17.	DBW 15	532
18.	DBW 5	24
19.	DBW 8	205f
20.	DBW 5	19
21.	DBW 15	479
22.	DBW 12	469
23.	DBW 10	514
24.	DBW 11	446
25.	DBW 8	205f
26.	DBW 8	99f
27.	DBW 15	564
28.	DBW 5	25
29.	DBW 8	555
30.	DBW 8	205f
31.	DBW 9	485

Juni

1.	DBW 5	24
2.	DBW 8	453
3.	DBW 6	358
4.	DBW 15	569
5.	DBW 6	361
6.	DBW 6	403
7.	DBW 6	219
8.	DBW 13	400
9.	DBW 5	19
10.	DBW 8	560
11.	DBW 15	569
12.	DBW 5	32
13.	DBW 4	47
14.	DBW 6	348
15.	DBW 8	30
16.	DBW 8	216
17.	DBW 8	415
18.	DBW 8	310f
19.	DBW 8	29f
20.	DBW 8	204
21.	DBW 6	242
22.	DBW 8	27
23.	DBW 8	24
24.	DBW 16	490
25.	DBW 4	158
26.	DBW 4	180f
27.	DBW 4	123f
28.	DBW 5	86
29.	DBW 5	83
30.	DBW 6	289

Juli

1.	DBW 6	288
2.	DBW 6	288
3.	DBW 6	288
4.	DBW 6	288
5.	DBW 6	288
6.	DBW 6	288
7.	DBW 6	288
8.	DBW 6	288
9.	DBW 6	288
10.	DBW 6	288
11.	DBW 6	288
12.	DBW 5	81
13.	DBW 5	80f
14.	DBW 4	131
15.	DBW 8	33
16.	DBW 6	67f
17.	DBW 6	188
18.	DBW 6	221
19.	DBW 6	384
20.	DBW 6	148
21.	DBW 6	148
22.	DBW 5	71
23.	DBW 15	374
24.	DBW 13	401
25.	DBW 6	279
26.	DBW 11	461
27.	DBW 14	868
28.	DBW 16	491
29.	DBW 10	544
30.	DBW 14	873
31.	DBW 8	563

August

1.	DBW 8	310f
2.	DBW 5	80
3.	DBW 13	399
4.	DBW 5	80
5.	DBW 6	242
6.	DBW 6	238
7.	DBW 6	49
8.	DBW 8	28
9.	DBW 8	555
10.	DBW 10	484
11.	DBW 15	513
12.	DBW 15	508
13.	DBW 13	367
14.	DBW 13	339
15.	DBW 6	404
16.	DBW 6	384
17.	DBW 11	450
18.	DBW 11	415
19.	DBW 16	651
20.	DBW 14	944
21.	DBW 10	504
22.	DBW 4	31
23.	DBW 11	461
24.	DBW 8	245
25.	DBW 6	220
26.	DBW 6	240
27.	DBW 5	73
28.	DBW 15	530
29.	DBW 8	28
30.	DBW 13	401
31.	DBW 5	67

September

1.	DBW 8	31f
2.	DBW 13	350
3.	DBW 11	446
4.	DBW 13	346
5.	DBW 14	913
6.	DBW 15	514
7.	DBW 15	520
8.	DBW 16	493
9.	DBW 8	535
10.	DBW 15	535
11.	DBW 8	537
12.	DBW 6	238
13.	DBW 6	67
14.	DBW 15	272
15.	DBW 4	133
16.	DBW 8	573
17.	DBW 8	244
18.	DBW 8	226
19.	DBW 8	542
20.	DBW 8	454f
21.	DBW 8	567
22.	DBW 8	289
23.	DBW 5	30
24.	DBW 6	37
25.	DBW 6	310
26.	DBW 4	158
27.	DBW 5	84
28.	DBW 8	256
29.	DBW 8	29
30.	DBW 13	361

Oktober

1.	DBW 8	158
2.	DBW 8	359
3.	DBW 14	872
4.	DBW 11	426
5.	DBW 5	19
6.	DBW 8	32
7.	DBW 6	240
8.	DBW 8	252
9.	DBW 6	268
10.	DBW 15	512
11.	DBW 8	204
12.	DBW 13	380
13.	DBW 16	670
14.	DBW 5	83
15.	DBW 13	301
16.	DBW 6	358
17.	DBW 10	458
18.	DBW 15	478
19.	DBW 15	525
20.	DBW 11	458
21.	DBW 6	224
22.	DBW 8	435f
23.	DBW 8	22
24.	DBW 8	33
25.	DBW 8	573
26.	DBW 13	401
27.	DBW 5	79
28.	DBW 8	543
29.	DBW 8	512
30.	DBW 15	524
31.	DBW 12	429

November

1.	DBW 13	350
2.	DBW 6	220
3.	DBW 14	327
4.	DBW 15	510
5.	DBW 5	66
6.	DBW 10	544
7.	DBW 8	26
8.	DBW 8	544
9.	DBW 8	571
10.	DBW 16	662
11.	DBW 4	171
12.	DBW 6	142
13.	DBW 8	549
14.	DBW 8	358f
15.	DBW 14	871f
16.	DBW 8	244
17.	DBW 8	455
18.	DBW 15	530
19.	DBW 8	36
20.	DBW 8	368
21.	DBW 8	226
22.	DBW 13	330
23.	DBW 8	551
24.	DBW 11	433
25.	DBW 11	449
26.	DBW 8	244
27.	DBW 8	407f
28.	DBW 11	393
29.	DBW 11	393
30.	DBW 10	529

Dezember

1.	DBW 8	36
2.	DBW 8	569
3.	DBW 13	359
4.	DBW 10	533
5.	DBW 15	572
6.	DBW 15	475
7.	DBW 15	474
8.	DBW 12	458
9.	DBW 8	19
10.	DBW 11	424
11.	DBW 11	393
12.	DBW 6	74
13.	DBW 6	71
14.	DBW 16	651
15.	DBW 13	342
16.	DBW 6	74
17.	DBW 8	421
18.	DBW 15	16
19.	DBW 13	339f
20.	DBW 6	231
21.	DBW 6	49
22.	DBW 16	373
23.	DBW 15	540
24.	DBW 16	634
25.	DBW 16	634
26.	DBW 16	373
27.	DBW 8	536f
28.	DBW 13	343
29.	DBW 15	17
30.	DBW 15	524
31.	DBW 8	608

Zum Weiterlesen

Eberhard Bethge
Dietrich Bonhoeffer. Theologe – Christ – Zeitgenosse
Eine Biographie
Gütersloh 2005, 9. Auflage

Christian Gremmels / Wolfgang Huber (Hgg.)
Dietrich Bonhoeffer Auswahl
(6 Bände in einer Kassette)
Gütersloh 2006

Manfred Weber (Hg.)
Dietrich Bonhoeffer von A bis Z
Sein Denken und Reden, sein Predigen und Beten in Schlagworten erschlossen
Gütersloh 2010

Kirsten Busch Nielsen / Jens Zimmermann / Ralf K. Wüstenberg (Hgg.)
Dem Rad in die Speichen fallen. A Spoke in the Wheel
Das Politische in der Theologie Dietrich Bonhoeffers. The Political in the Theology of Dietrich Bonhoeffer
Gütersloh 2014

Ludwig von Dobeneck / Irene Leicht (Hgg.)
Dietrich Bonhoeffer – ein Held?
Tiefenpsychologische Zugänge
Gütersloh 2013

Dietrich Bonhoeffer
Behütet und getröstet
(mit einer Trauerkarte)
Gütersloh 2012

Dietrich Bonhoeffer
Ich trage dich in meinem Herzen
Ein Begleitbuch für Trauernde
Gütersloh 2012

Moritz Stetter
Bonhoeffer
Graphic Novel
Gütersloh 2014

Manfred Weber (Hg.)
Freiheit zum Leben
Dietrich Bonhoeffer für Jugendliche
Gütersloh 2006, 4. Auflage